儿童社交心理学：
孩子，善良必须有点锋芒

陈昕◎著

人民邮电出版社
北京

图书在版编目（CIP）数据

儿童社交心理学：孩子，善良必须有点锋芒 / 陈昕
著. -- 北京：人民邮电出版社，2024. -- ISBN 978-7
-115-65082-5

Ⅰ. C912.11-49

中国国家版本馆 CIP 数据核字第 20248D0E78 号

内 容 提 要

　　这是一本有态度、有个性的家教书，旨在帮助家长指导孩子直面真实的世界，呵护孩子的心理健康，让孩子掌握必要的社交技巧，修炼强大的自我。本书分为6章，分别从沟通技巧、情绪管理、自我激励、独立自主、结交朋友和个人魅力这6个方面展开论述，内容通俗易懂，指导性强，方法全面。"亲子互动"板块可以激发孩子的思考力，增进亲子关系。

　　通过阅读本书，孩子可以明白，善良是社交的基础，但学会保护自己是善良的前提。世界不是一尘不染的，在面对阴暗面时，孩子要有锋芒与勇气。

◆ 著　　　　陈　昕
　责任编辑　李士振
　责任印制　周昇亮
◆ 人民邮电出版社出版发行　　北京市丰台区成寿寺路 11 号
　邮编　100164　电子邮件　315@ptpress.com.cn
　网址　https://www.ptpress.com.cn
　北京天宇星印刷厂印刷
◆ 开本：880×1230　1/32
　印张：7　　　　　　　　　2024 年 10 月第 1 版
　字数：198 千字　　　　　　2024 年 10 月北京第 1 次印刷

定价：59.80 元

读者服务热线：**(010)81055296**　印装质量热线：**(010)81055316**
反盗版热线：**(010)81055315**
广告经营许可证：京东市监广登字 20170147 号

前言

亲爱的家长，你是否有这些方面的担心呢？

孩子表达能力较弱，不知道怎么与他人沟通；

孩子喜怒无常，经常乱发脾气；

孩子总是闷闷不乐，经常有抑郁情绪；

孩子经常自我否定，不会捍卫自己的权利；

孩子缺乏边界感，遭人议论；

孩子被霸凌，不敢声张与反抗；

孩子隐忍、包容，却换来对方的得寸进尺；

孩子温柔、善良，却被当"软柿子"捏；

孩子和朋友吵架，不知道怎么办；

孩子总是讨好他人，比起自己更在乎别人的感受；

孩子不会和他人相处，容易和他人产生隔阂；

…………

孩子的成长过程总是充满压力和挑战，你即便是"过来人"，一定也有很多问题需要解答。那么，请打开本书，无论是给曾经年少的自己一个交代，还是给如今正在长大的孩子一份守护，本书能帮你和孩子解决99%的社交问题，剩下的1%则有待你和孩子共同探索，创造性地解决。

这是一本有态度、有个性的家教书，旨在帮助家长指导孩子直面真实的世界，呵护孩子的心理健康，让孩子掌握必要的社交技巧，修炼强大的自我。通过阅读本书，孩子可以明白，善良是社交的基础，但学会保护自己是善良的前提。

本书具有以下特点。

●**结构清晰**。内容采取逻辑清晰、循序渐进的表达方式。①情景再现：紧扣孩子的日常生活，用真实故事，从正反两方面介绍常见的社交现象。②分析现象：从社交心理学的角度剖析现象，发现问题，帮助家长和孩子看清问题的实质。③解决问题：给出解决办法和建议，帮助家长和孩子发现并解决问题。

●**实用性强**。由一个问题引出一系列常见情况，然后给出多元化的解决方案，读者可以根据自己的特点选择合适的解决方案。

●**拒绝说教**。无论是"给父母"的分析，还是"给孩子"的方法，都以建议的态度来阐述，帮助家长打开教育格局，让家长学会用"可以""避免""尝试"等词汇跟孩子进行有效沟通，而不是用"禁止""必须"等绝对的口气说教。与其命令孩子去做，不如让他学会主动去做。

本书适合亲子共读，不仅是给家长的教育指南，也是给孩子的社交锦囊，家长看了受启发，孩子看了不反感。

目录

第1章 | 沟通技巧：好好说话不难，我有我的表达方式和原则

第2章 情绪管理：心情好坏关系重大，我的情绪我掌控

第3章 自我激励：欣赏自己是门艺术，我有强大的内核力

第4章　独立自主：坚定地迈向未来，我对自己负责

第5章 结交朋友：友谊有种种形式，我选朋友有原则

第6章 个人魅力：磁场效应各异，我有自己的风格

第1章

沟通技巧：

好好说话不难，我有我的表达方式和原则

从打招呼开始练习，
我能控制语气和音量

社交小剧场

乐乐是一个"大嗓门"，平时说话声音就很大，在情绪激动的时候更是音量惊人。而且他总是不分场合地大声说话，在图书馆这种需要安静的地方也是如此，经常给他人造成困扰。因为嗓门大，同学们总觉得他讲话很冲，久而久之都不愿和他说话。老师跟他提过很多次建议，请他降低音量，他却说："没办法，我天生就是这样的。"后来，老师了解到，乐乐的父母经常吵架，跟孩子讲话时声音会不自觉地提高，平时在家里看电视时音量也调得很大，乐乐长期生活在这种吵闹的环境中，不仅成了"大嗓门"，而且说话时的语气也不好。

父母的担心：这些都是类似的情况

△孩子说话时声音太小或太大，不会控制音量。
△孩子在安静的场合大声喧哗，被视为没教养。
△孩子说话时语气不好，容易跟人起冲突。

给父母：从社交心理学的角度分析

表达不光是指谈话内容，语气、音量也是表达的一部分。在人际沟通中，语气可以体现一个人的情商，音量可以展现一个人的修养。通过语气，我们能判断他人的情绪好坏，从而与他人产生共鸣；通过音量，我们可以减少沟通中的矛盾，更好地传递信息。因此，学会控制语气和音量，是与他人相处的一项非常重要的技巧。当然，在指导孩子的过程中，爸妈要注意自身的问题，尽量给孩子营造一个相对安静、平和的环境。

给孩子：社交重在行动

★语气的练习方案。

你可以和家人或者朋友一起来做这个练习。我们从日常打招呼开始，例如，先用无聊的语气说"早上好"，接着用开心的语气说，然后用生气、好奇、难过……的语气说。在用不同的语气说同一句话时，注意感受不同语气传递出来的情感。当你熟练掌握用不同语气表达后，在不同的社交情境中，就更容易实现精准表达了。

★根据场合使用合适的音量。

我们经常会遇到这样的情况，在安静的地方大声说话，会让他人感到不舒服，还会让我们觉得自己与周遭格格不入。这就是为什么我们要根据场合使用合适的音量。

常见场合及相应的合适的音量如下。

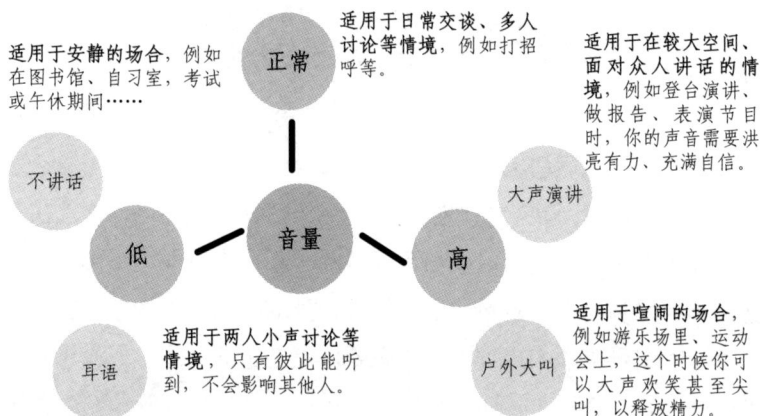

适用于安静的场合，例如在图书馆、自习室，考试或午休期间……

不讲话

适用于日常交谈、多人讨论等情境，例如打招呼等。

正常

适用于在较大空间、面对众人讲话的情境，例如登台演讲、做报告、表演节目时，你的声音需要洪亮有力、充满自信。

大声演讲

低

音量

高

耳语

适用于两人小声讨论等情境，只有彼此能听到，不会影响其他人。

户外大叫

适用于喧闹的场合，例如游乐场里、运动会上，这个时候你可以大声欢笑甚至尖叫，以释放精力。

亲子互动：写一写其他有助于社交的妙招，找机会尝试一下

表达不难驾驭，我用表情、肢体动作来辅助

社交小剧场

小君和明明一起玩飞盘，小君不小心把飞盘扔得太远了，直接扔进了附近的灌木丛中。明明跑去捡，但他花了很长时间才找到飞盘，而且他在灌木丛中还不小心刮伤了手。当明明带着飞盘和划痕回来时，他的脸色不太好，显然是有点生气了。小君看到好朋友的样子，笑着说："不是吧，找个飞盘都能受伤。"明明听后更生气了，便丢下飞盘回家了。

父母的担心：这些都是类似的情况

△孩子说话不分场合，不考虑他人感受。
△孩子在与人交谈时总是心不在焉。
△孩子在说话的时候总是手舞足蹈。

给父母：从社交心理学的角度分析

表达方式和表达的内容一样重要，有时候，人的表情、肢体动作比话语能传递出更强烈的信息。就算一个人不说话，我们也可以通过他的表情或肢体动作来判断他的情绪是愤怒、悲伤还是快乐。合理运用这些非语言元素，有助于增进人与人之间的理解和信任。

给孩子：社交重在行动

★使用恰当的表情。

当有人在和你说话时，使用恰当的面部表情是很重要的，比如，听到有趣的话——开心的表情，听到令人伤感的话——悲伤的表情，听到奇怪的话——惊讶的表情，等等。如果一个人说了一些有趣的话，而你看起来很无聊或很夸张，那对方可能就不想继续和你说话了。同样，你也可以通过观察表情来适时停止无效的社交。如果对方很生气，你却只顾自己开心，那么很容易造成误会。

★识别肢体动作的含义。

有些人用手势来强调他们的说话内容，例如，鼓掌或竖起大拇指表示认可，挥手表示问候或告别。此外，其他肢体动作也常被用来传达话语的意思，例如，摇头表示"我不知道"，耸肩表示"我不在乎"，等等。学会识别这些肢体动作的含义，有助于我们进行有效的沟通。需要注意的是，肢体动作只是用来辅助交流的，如果谈话中有太多或夸张的肢体动作，那么很容易对沟通产生反作用。

★练习使用表情和肢体动作。

你可以和同伴或者家人一起玩"听指令做表演"的游戏。一个人发出指令，另一个人做相应的表情和肢体动作。例如，听到"高兴"的指令，露出笑脸、张开双臂；听到"拒绝"的指令，做出严肃的表情和双臂交叉的动作。还可以增加游戏难度，设置特定的场合，练习在不同的场合下使用恰当的表情与肢体动作，这样有助于提升社交能力。

亲子互动：写一写其他有助于社交的妙招，找机会尝试一下

不怕说话，我尝试这样找话题

社交小剧场

　　丽丽平时在家很活泼，但是一到外面就变得沉默寡言。爸妈带她和朋友聚餐，她总是黏着大人，想要什么、想玩什么，她都小声地跟爸妈讲，让爸妈当她的"代言人"。即使其他小朋友主动邀请她玩，她也表现得唯唯诺诺。有时候，爸妈鼓励她跟其他小朋友分享食物，她总是躲躲闪闪，既不同意，也不拒绝。为此，爸妈很是苦恼，担心她长此以往会变得自闭，影响身心健康发展。

父母的担心：这些都是类似的情况

　　△孩子在家很活泼，一到外面就不敢说话。
　　△孩子上课时不敢回答问题。
　　△明明是见过的人，孩子却不敢跟他打招呼。

给父母：从社交心理学的角度分析

　　在社交心理学中有一种表现，我们称为"社交退缩"或"社交焦虑"。像丽丽那样，在家很活泼，一出去就不敢与人交流，就是"社交退缩"的一种表现。它跟孩子性格没有太大关系。

对于父母来说，在教育上不要过度保护孩子，也不要对孩子过于严苛，即便孩子说错了，也尽可能避免用挖苦、责怪的方式来教育他，以免孩子变得胆怯、自卑，丧失正常的社交能力。

当父母带孩子认识陌生人的时候，可以用"介绍"的方法减少孩子面对陌生人时的不安，例如，"这就是妈妈经常跟你提到的张阿姨""上次在路上遇到过，这是比你高一个年级的姐姐，还记得吗？"

给孩子：社交重在行动

★找一个显而易见的话题。

如果不知道怎么跟第一次见面的人打招呼，你可以试试这样做：从他的发型、着装等显而易见的方面找话题。比如，"你的发夹真漂亮""我很喜欢你的衣服颜色""你的鞋子真酷"等，尽可能让对方感觉到你的友好。

★通过你的熟人展开交流。

如果恰好有熟人在身边，你可以通过他来认识新朋友。问问熟人，其他人叫什么名字，或者请熟人把你介绍给其他人。

★试试交流兴趣爱好。

可以说，没有比交流兴趣爱好更好用的方法了。你可以询问对方的喜好，也可以先观察，如

果发现她正在做你感兴趣的事，那么以此为话题展开交流就容易得多。当然，你也可以做对方感兴趣的事，引起对方注意，吸引对方主动来找你说话。

亲子互动：写一写其他有助于社交的妙招，找机会尝试一下

条理清晰，我能明确表达自己的意见

社交小剧场

安迪最喜欢的书被妹妹撕坏了，他跟妹妹争执不下，于是找爸爸评理，可是说了很久，他也没说清楚事情的来龙去脉，最后爸爸没有耐心继续听，就去忙别的事情了。安迪本来就不擅长表达，又总是被忽视，时间长了就不愿意跟家人沟通了。

父母的担心：这些都是类似的情况

△孩子不愿意跟家长沟通。
△孩子"嘴笨"、词不达意，半天说不清一件事。

给父母：从社交心理学的角度分析

很多时候，孩子不愿意跟父母沟通，是因为父母没有给孩子表达的机会。随着年纪增长，孩子的自我意识也越来越强，父母要学会倾听、接纳孩子的感受，这样才能更好地与孩子进行有效沟通，同时也有助于鼓励孩子表达自我。

给孩子：社交重在行动

★用简短的句子和词语。

在表达自己的感受或意见时，你可以试试用简短的句子和词语，例如，"没问题""我不喜欢这个东西""这个……我弄不好""我需要帮助"等。还可以使用一些结构词、过渡词，这些词就像桥梁，能够使你的表达更加连贯。常见的结构词、过渡词有"首先""其次""最后""但是""而且""因此"等。

★多阅读、多复述。

如果你喜欢阅读，那真是太棒了。书中的文字通常具有很强的逻辑性，多阅读、多复述，你不仅可以积累大量词汇，还能学到一些不错的表达方法，有效提升自己的表达能力。

★积极参与社交活动。

学校有很多丰富多彩的活动，比如，演讲比赛、辩论会、志愿者活动、节目表演等。你有机会就去参加这些活动，你的社交能力会由此得到提升。

★说出来或者写出来。

心里有想法，勇敢说出来。你可以找信赖的人说，也可以找个"树洞"悄悄说。尤其是遇到不好的事情时，该抗议就抗议，而且说出来可能会使事情有转机。就算结果不尽如人意，只要说出来了就不留遗憾。如果你觉得有些事不好说出口，那就写出来，写日记或写故事等都可以。

> 亲子互动：写一写其他有助于社交的妙招，找机会尝试一下

得到他人帮助，我会表示感谢

社交小剧场

琦琦上小学一年级了，起初，其他小朋友都很喜欢她，愿意跟她分享好吃的、好玩的。她没带笔，其他小朋友愿意借给她；她系不好鞋带，老师会帮她系好；有时候，同学的妈妈会顺路载她去学校。但是她从来不说谢谢，有时候还会将别人的东西视为己有，别人如果不按她的心意来，她还会发脾气。久而久之，大家慢慢疏远了她，她却不知道是怎么回事。

父母的担心：这些都是类似的情况

△孩子得到他人帮助，不会表示感谢。
△孩子不懂感恩，难以适应集体生活。
△孩子不知足，认为别人为自己"服务"理所当然。

给父母：从社交心理学的角度分析

说"谢谢"不只是一种礼仪行为，从社交心理学来看，它还是人的意识与潜意识达到平衡的一种表现，是社会责任感与道德感的体现。但是有一种"适应性偏见"会影响人的感激之情，比如，得到陌生人的帮助，我们会很感谢；但是得到家人的帮助，我们通常

没那么感激，甚至很少对家人说"谢谢"，这是因为我们太习惯于
接受家人给予我们的"好"了。

孩子不会表示感谢，有一个很普遍的原因，就是孩子没有从原
生家庭中养成这种行为习惯，平时家人不要求他表示感谢，他也会
认为别人对自己好是理所当然的。

如果一个人无论在什么情况下都能对他人说"谢谢"，这就说
明他敢于打破偏见，能设身处地为他人着想。这类人往往会给他人
留下好印象，在处理人际关系的时候也比较轻松。

给孩子：社交重在行动

★就算是关系亲密的人，也要多说"谢谢"。

越是和我们关系亲密的人，我们通常越容易忽略感谢的重要

性。从现在开始，经常对家人、好朋友说"谢谢"，珍惜每一个对你好的人，感谢他们的帮助与付出。

★制作感谢卡、感谢信。

把感谢的话写下来，制作成感谢卡、感谢信等，送给你要感谢的人，他一定会非常开心。你也可以在力所能及的范围内，送对方其他礼物来表示感谢。

★参加志愿者活动。

例如，为慈善机构捐赠物品、去养老院做公益等。当你看到自己的行动可以对他人的生活产生积极影响时，你会更加理解自己拥有的东西是多么可贵，会更加懂得感谢的意义。

> 亲子互动：写一写其他有助于社交的妙招，找机会尝试一下

欣赏他人，我不吝惜赞美

社交小剧场

不管在哪里，童童都特别受欢迎，因为他总是大方真诚地赞美他人。看到同学画的画好看，他会说："哇，这片叶子金灿灿的，画得真漂亮。"参加演讲比赛，听到同学讲得好，他会热情地鼓掌："那段内容你讲得太棒了！"同学跑步没有得第一名，有点失落，他会说："你能坚持到终点真的很厉害！"在食堂吃到好吃的饭菜，他也会特意跑到卖饭窗口赞美一番。大家都说，跟童童在一起很舒服。

父母的担心：这些都是类似的情况

△孩子总爱挑毛病。
△孩子骄傲自满，受不得批评。

给父母：从社交心理学的角度分析

每个人的内心都有一定的需求，这种需求通常表现为对荣誉感和成就感的追求。而赞美恰好就能满足人的这种需求。孩子学会欣赏、赞美他人，不仅能改善人际关系，还会收获积极的心理暗示，从而激励自我。

15

父母在教育孩子时，不妨尝试一下"肯定式教育"，认可孩子的努力与成绩，夫妻之间也不要吝惜对彼此的夸奖。孩子在这种积极的家庭氛围中，也会养成赞美他人的习惯。当然，赞美也是要讲究方法的。

给孩子：社交重在行动

★对具体的事物进行赞美。

空洞的赞美毫无意义，我们要进行具体的赞美。赞美一个人，可以具体赞美他的品质、行为或者他拥有的物品；赞美一件事，可以具体说出自己有哪些美好的感受。不要只说"你真棒""你真聪明"这类空泛的话，可以说"你这个办法很好用""你能从不一样的角度去思考，很机智"。具体的赞美还会让人感受到你的真诚。

★观察别人的优点。

认真观察身边的人，列出他们好的方面，然后说一说为什么觉得这些方面好。在欣赏他人的过程中，你还能学到他人的一些优点。

★被赞美时，做出积极的反馈。

接受赞美与赞美他人一样重要。接受赞美最简单的方法，就是说一句"谢谢"。你还可以给出更具体的反馈，例如，对方说"我很喜欢你的鞋子"，你可以回答"谢谢，你的鞋子上有漂亮的蝴蝶结，我也很喜欢"。积极的反馈会增加他人对你的好感度。

亲子互动：写一写其他有助于社交的妙招，找机会尝试一下

不小心做错事，我会主动道歉

社交小剧场

　　班级大扫除时，小杰和小智一边扫地一边打闹。小智扔过来一块脏抹布，小杰随手搬起一把椅子遮挡，结果一不小心将椅子磕到了窗户上，把玻璃撞裂了。两人知道闯了祸，主动找老师承认错误，并表示愿意赔偿玻璃。老师很欣赏他们的态度和行为，和他们的家长进行了沟通，顺利更换了新玻璃。两人也从这件事中吸取了教训，意识到校园安全的重要性。

父母的担心：这些都是类似的情况

△孩子做了错事，不愿承认错误，甚至撒谎。
△孩子闯了祸，将责任推到别人身上。
△孩子认为说了"对不起"就没事了，认识不到自己的错误。

给父母：从社交心理学的角度分析

　　这一节，我们着重探讨"孩子犯错后怎么道歉"的问题。在下一节中，我们会探讨"不是孩子的错怎么处理"的。

　　不得不说，道歉不是一件容易的事，因为认错本身就代表对自我的一种否定，这会让人们本能地想要逃避。但是道歉又是有益的，它有警示的作用，可以提醒人们不要重蹈覆辙，还可以帮助道歉者从消极情绪中解脱出来，从而修复一段关系。

如果孩子没有道歉的勇气，父母需要找到原因，比如，孩子害怕责骂与惩罚、担心失去等。父母平时要允许孩子犯错，并用合适的方法引导他认识错误、改正错误。

给孩子：社交重在行动

★要有诚意地道歉，选择恰当的道歉方式。

让人反感的道歉方式×	让人容易接受的道歉方式✓
"对不起"后面非要加个"但是"	道歉干脆利索，不绕圈子，比如"对不起，我错了"
只敷衍地说"对不起"，不说具体原因	找出对方生气的原因，针对具体的问题诚恳道歉，比如"我弄坏了你的杯子，十分抱歉"
说"你非要这么生气，我也没办法"，逃避错误，推卸责任	主动承担责任，解决问题，比如"我买一个新杯子给你"。也可以让对方提要求，只要是合理的要求，就尽可能满足对方，比如"这个杯子多少钱？我赔你钱"
道歉后要求对方马上原谅	道歉需要耐心，给对方一些接受的时间。有时候一次道歉不成，还需要多次道歉。只要我们诚心道歉并主动承担责任，剩下的就交给时间去解决

★选择合适的时机。

如果是小摩擦，比如你不小心碰掉了对方的书，可以立刻道歉，这样容易获得原谅。如果是大摩擦，对方正在气头上，你可以等他气消了再道歉，或者在人少的时候道歉。

★实用的"道歉公式"。

道歉的时候，你可以试试这个"公式"："对不起，我不是故意……"（表明态度）—"我这样做不对，因为……"（说明错在哪儿）—"我愿意赔偿……"（承担责任）—"以后我会注意，请问你可以原谅我吗？"（试探询问）。

★写道歉信或请求外援。
....

如果有些话不好说出口，可以试着将其写下来。如果对方受到较大的伤害，你主动道歉没有效果，可以试着向他的朋友求助，请他的朋友进行调和。

★能够忍受指责。
....

有时候你去道歉，对方还没消气，如果他情绪激动地指责你，你也知道是自己不对在先，那就先暂时忍耐一下，以免爆发二次冲突。

> **亲子互动：写一写其他有助于社交的妙招，找机会尝试一下**

....

....

....

....

....

被冤枉了，我不忍气吞声

社交小剧场

贝儿和同学去文具店买东西，结账的时候，老板说在监控中看到贝儿偷拿胶带，让她交出来。贝儿没有偷东西，当然不会承认，同学也证明她没有拿。但是老板坚持说看到了，还要对贝儿搜身。贝儿厉声回击老板："你不能碰我，这里有监控，我们可以报警查明真相。"警察来了，仔细查看监控后发现，是摄像头的角度有问题，老板冤枉了贝儿。最后，老板因为理亏而公开向贝儿道歉。

父母的担心：这些都是类似的情况

△孩子没有做错事，却被冤枉。

△孩子被冤枉，不敢说出来。

△孩子遇到不公正的对待，不再信任他人。

给父母：从社交心理学的角度分析

相信没有人喜欢被冤枉。如果孩子不幸遇到了这种事情，能够勇敢表达自己的心声是很重要的。这就需要父母平时对孩子有强烈的信任感，因为孩子若能在家庭中收获足够的信任感，在外面就会更自信，被冤枉时就不会忍气吞声。

遇到不公正的对待，当然要想办法处理。很多人被冤枉时，首先想到的是自证清白。但是，有时候自证清白很难，尤其是在证据很难搜集的情况下，自己就算费尽心思，结果也不一定是好的，而整个过程对"自证者"来说是一种煎熬。从心理学角度看，"误解者"本身就戴着有色眼镜。在真相没有弄清前，无论"自证者"怎么证明自己的清白，在"误解者"看来都是"此地无银三百两"。因此，父母需要引导孩子学会处理这种情况。

给孩子：社交重在行动

★用反问的形式为自己找回心理优势。

被冤枉了，你的第一反应是不是着急？别怕，使用这几个反问句可以为你找回心理优势，如"你凭什么认为是我？""你有什么证据？""你是不是搞错了？"说的时候紧盯对方的眼睛，坚定的眼神还可以表明你的立场，让对方觉得他可能误解你了。

★请人主持公道。

在证据不充分的情况下，可以找能够信赖、有一定信服力的人来主持公道，比如警察、父母、老师等，把事情的来龙去脉说清楚。讲述的时候注意把握这4点：①我没有做……；②刚才发生了……事情；③对方是怎样做（说）的；④对方的做（说）法对我产生了……的影响。

★让"误解者"去寻找、发现真相。

如果证据就在眼前，可以直接指出证据来证明自己的清白。比如，对方说你拿了他的钱包，但一眼可见的是，钱包就在沙发缝隙里，你当下就可以让对方看到真相。

如果需要搜集证据，不要自己单方面去做这件事，而是应让"误解者"自己去寻找、发现，你可以用旁观者的态度参与其中。只有让心存偏见的人自己发现真相，真相才能让他信服。

亲子互动：写一写其他有助于社交的妙招，找机会尝试一下

互相交流时，我乐于倾听

社交小剧场

鹏鹏上四年级了，妈妈发现他总是记不住作业内容，学习也跟不上。后来，老师跟妈妈反映，鹏鹏上课时看起来好像在认真听讲，但每次向他提问时他都会红着脸说："我，我不会。"跟同学们讨论问题时他也经常发呆，轮到他发言时，他也不知道别人说到哪里了。在日常生活中，妈妈也仔细观察了一下，鹏鹏在听别人讲话时，经常没听一会儿注意力就分散了，妈妈问他在想什么，他也说不上来。

父母的担心：这些都是类似的情况

△孩子经常假装倾听，实际上什么也没听进去。
△孩子没有耐心，总是听不完别人讲话，还习惯打断别人。
△孩子说话时咄咄逼人、没完没了，不给别人说话的机会。
△孩子总是答非所问，随意岔开话题。

给父母：从社交心理学的角度分析

在人际交往中，听是一种能力，也是一种素养。心理学研究表明，倾听能力高的人，与他人的关系往往更融洽。在孩子的成长过程中，父母需要给孩子做好榜样，能够耐心、专注地听孩子说，还要给孩子创造听的机会，例如，选择相对安静的谈话环境，说一些孩子感兴趣的话题，等等。

在沟通过程中，父母还要注意观察孩子的行为，如孩子是否经常打断别人？是不是在假装倾听？在听的过程中有没有做出反馈？……针对孩子存在的具体问题，父母要进行适当的引导。

给孩子：社交重在行动

★把注意力集中在说话的人身上。

如果有人跟你说话，尽可能放下手头的事情，把注意力集中在说话的人身上。

★进行正确的眼神交流。

与他人谈话时，你要看着交谈对象。当然，进行正确的眼神交流并不意味着要一直盯着对方的眼睛，你只需要时不时地看着对方，让对方意识到你在听他说话就行。进行正确的眼神交流可以传达你的感受，或者让你知道对方的感受。

★适当给一些反馈。

在倾听的过程中，可以适当给一些反馈，例如微

笑、点头、摇头等，表明你在认真听。若你对某个话题不感兴趣，尽量别一开始就岔开话题，可以给一些简单的反馈，然后结束这段谈话。

★等对方说完，再发表自己的观点。

不要随意打断别人，除非对方在谈话过程中询问你的看法，你可以简单发表自己的观点，然后继续听对方把话说完。若有时候你真的很好奇，克制不住说话的冲动，可以在心里默默地说。如果你想加入别人的谈话，最好等他们的谈话告一段落后再找机会加入。

★用讲故事的形式轮流讲话。

和同伴一起来做这个练习。第一个人讲故事开端，例如，"一个人坐上火车去……"后面每个人在此基础上加一句话，直到故事结束。大家必须关注整个故事的进展，每个人讲的内容必须与之前出现的信息相关。最后，每个人简单复述一下整个故事，或者将整个故事写下来。

> 亲子互动：写一写其他有助于社交的妙招，找机会尝试一下

如果你是故意的，我不会轻易忍让与原谅

📷 社交小剧场

　　课间，张超在教室里和同学追逐打闹，把小麦的水杯碰掉了，小麦让他捡起来，他却阴阳怪气地说："不就是个塑料杯嘛，等我慢慢给你捡。"然后慢吞吞地捡起水杯，扔给了小麦。这件事过后，小麦发现，张超总是"不小心"地碰掉她的书、笔袋、水杯等物品，有时候一天能碰掉六七次，也不给她捡。小麦知道，张超是故意的，于是当张超再一次嬉皮笑脸地碰掉她的水杯后，她二话不说，拿起对方的书包交给了老师。后来，老师严肃地批评了张超，他再也不敢捉弄小麦了。

父母的担心：这些都是类似的情况

　　△孩子被同学捉弄而不自知。
　　△孩子遭到同学恶作剧而出现心理问题。
　　△同学在背后故意说孩子坏话。

💭 给父母：从社交心理学的角度分析

　　班级里总是会有那么几个喜欢捉弄人、爱恶作剧的学生，他们打着"搞笑"的旗号做一些让人不愉快的事情，从而获得他人的关注、满足感和优越感。这类人通常带有一种侥幸心理，认为自己只

是在"开玩笑"，不需要为这种行为的后果承担责任。但我们应该认识到，恶作剧本身是一种主动攻击的行为，有时候看起来是"小玩笑"，却会对被恶作剧的人造成心理阴影，甚至身体伤害。

给孩子：社交重在行动

★发现他们，远离他们。

仔细观察一下身边的同学，确定谁喜欢捉弄人，谁总是故意使坏，让同学反感、令老师头疼。如果他们还没有找上你，这很好，你可以主动远离他们，平时少跟他们有交集。

★有些行为不是玩笑。

玩笑应该是轻松、幽默的，可以让每个人都感觉愉快的事情。如果同学的行为令你感到厌烦、难堪、痛苦，对你的财物造成损失，甚至伤害到你的身体，那么这就不是玩笑，你要严肃地拒绝、制止、反击或追究对方的责任。

★以其人之道还治其人之身。

对有些人讲道理没用，那就用他对待你的方式来对待他，让他自食其果。要知道，有些爱恶作剧的人的内心其实很脆弱，他为了掩盖自己的弱小，才会用恶作剧的方式来让人难堪，证明自己"厉害"。只要你敢反击他，他很快就会逃走。

亲子互动：写一写其他有助于社交的妙招，找机会尝试一下

对于不喜欢的事，我有权拒绝

📷 社交小剧场

开学了，妈妈给瑞瑞买了新文具，可是第一天放学回来，那些铅笔、橡皮、尺子就少了一半，妈妈问瑞瑞怎么回事，她说有同学要，她就给他们了。过了几天，表姐送给瑞瑞一串漂亮的钥匙挂链，她特别喜欢，高高兴兴地挂在了书包上。可是当天回来，这串钥匙挂链就没了。妈妈问起来，她垂头丧气地说送给同桌了。"你不想给她可以拒绝呀！""但是我怕同学说我小气。"看到女儿这样，妈妈很苦恼。

父母的担心：这些都是类似的情况

△孩子总是被人要东西，不懂拒绝。
△孩子习惯讨好他人，比起自己更在意别人的感受。

给父母：从社交心理学的角度分析

孩子为什么不敢说"不"？常见的原因有：害怕被排挤，"我不这样做，他们就不跟我玩了"；好面子，"我怕他们说我小气"；难为情，"我不好意思拒绝"；等等。无论是什么原因，爸妈都要让孩子明白一点：说"不"是被允许的，它并不会破坏一段关系。

在日常生活中，爸妈要给孩子拒绝的机会，让他明白，就算有时候对爸妈说"不"，也不会破坏亲子关系。当他敢于拒绝爸妈了，他就可以更好地对外表达自我，不轻易委曲求全。

给孩子：社交重在行动

★了解拒绝的原则。

没有敌意	我拒绝，是因为这个事情我不想做或不会做，并不是我对他有什么意见。
	他因为我的拒绝而不高兴、生气，这是人的正常反应，换作我，我可能也会这样。我能理解这种感受。
无须愧疚	我拒绝，是因为我有自己的需求，或者对方要求太高，并不表示我不好，而且我也不亏欠他。
	有人会因为被拒绝而羞辱、鄙视我，这也是可能出现的情况，我没必要理睬他，这种人成不了我的朋友。但他如果太过分，甚至攻击我，那我会反击他，并且不用觉得抱歉。

★关注自己的感受，让对方知道自己的感受。

当有人要求你做一件事时，如果你感觉不开心、不喜欢、有压力、做不到，那么你可以拒绝。有时候对方可能不知道你"不愿意"，所以你要明确地说出来，如"很抱歉，这是别人送我的礼物，我不能给你"。

★套用这些句式，巧妙说"不"。

直接法："不好意思，我不会，爱莫能助。"

转折法："我很愿意帮你，但我自己的事还没完成。"

商量法："我那天可能没有时间陪你去，因为我已经跟姐姐有约了。让我回去跟她商量一下好吗？"

亲子互动：写一写其他有助于社交的妙招，找机会尝试一下

有些错误观点和行为，我不必言听计从

社交小剧场

寒假期间，李响跟朋友们一起去公园玩。因为天气寒冷，湖面结冰了，朋友们都去冰上玩，只有李响站在岸边，他觉得这样做不安全，而且湖边还有告示牌写着"禁止滑冰"。

一个朋友起哄："你真是个胆小鬼，这冰很结实，不玩拉倒。"说完还跳了两下。突然"咔嚓"一声，冰面裂了，几个朋友顿时吓得大叫起来。李响赶忙劝他们别乱动，并通知了公园管理员，几个大人前来搭救，这才没有发生意外。

父母的担心：这些都是类似的情况

△孩子不能分辨是非，容易遇到危险。
△孩子对同学言听计从，成为被霸凌对象。
△孩子爱"随大流"，别人说什么就是什么。

给父母：从社交心理学的角度分析

一般来说，随着年龄增长，孩子的主观意识会越来越强。但是在集体中，孩子很容易出现从众心理，比如，模仿大家做事，对集体里的"小领袖"言听计从，等等。孩子为什么会这样呢？常见的原因有：寻找群体归属感，不想成为"异类"；生活经验有限，判断力差，只能模仿别人。

从众心理是一种普遍现象，它有利有弊，父母需要做的是多给孩子创造"做主"的机会，可以让他参与日常事务，多接触不同年龄的人，引导他学习，从而提升他的判断力。

给孩子：社交重在行动

★分清哪些事情是不可以做的。

有时候大家都在做的事情不一定是正确的。做这类事之前，你需要判断一下。那些违背做人原则、道德、法律的事情，显然是不可以做的，例如，同学要求你考试时帮忙作弊，让你瞒着老师和家长一起逃课，约你一起抽烟，让你帮忙偷东西，约你去野外河中游泳，等等。你在遇到这些情况时，不能被人左右，要明确拒绝。

★表达自己的观点。

如果你觉得某件事不对，某些观点不正确，可以用讨论的形式把自己的想法说出来。即使其他人不同意，你也要坚持自己的原则与立场，不需要为此感到抱歉。

亲子互动：写一写其他有助于社交的妙招，找机会尝试一下

第2章

情绪管理：

心情好坏关系重大，
我的情绪我掌控

腼腆害羞，我能慢慢融入人群

社交小剧场

小可是一个容易害羞的男孩，这一天，他收到好朋友加加的生日聚会邀请，但是他并不想去。爸爸问他为什么，他说："加加还邀请了很多人，可是除了加加以外，我谁也不认识。到时候我得一个人尴尬地坐着，要么只能躲在洗手间，等到生日聚会结束。啊，想想都难受。""但是如果你不去，加加会很失望的。"爸爸劝他。为此，小可苦恼了很长时间。

父母的担心：这些都是类似的情况

△孩子越长大越害羞。
△孩子因为害羞错失学习、交朋友等的机会。
△孩子想融入集体，但是不知道怎么做。
△孩子无法展示自己的优势，在学校被老师和同学忽视。

给父母：从社交心理学的角度分析

害羞是一种天性，是人潜意识里内心冲突的一种外在表现。有些孩子在幼年时期害羞，有些孩子则越长大越敏感。除去病理性的害羞不谈，有的孩子害羞、慢热，不代表他不想与人交往，他可能只是不知道怎么做。这个时候父母就需要给孩子一点时间，慢慢引导他学习社交技巧。

给孩子：社交重在行动

★假装自己是一名"侦探"。

如果你觉得害羞，不敢说话，那么先试试这个方法，它能帮助你自然地融入集体，而不需要你多说什么。

把自己当作一名"侦探"，仔细观察其他人在特定情况下做什么，效仿他们的做法，例如，你去参加生日聚会，到达后先四处看看其他人把礼物放在哪儿、鞋子怎么摆、外套挂在哪里，然后你也照做。在聚会期间，你可以看看其他人在玩什么，效仿他们做同样的事情，这样你就有事做了，说不定还会有其他人来邀请你一起玩。

当然，作为一名"侦探"，你还要区分对错，不要效仿可能带来伤害或破坏的行为。如果你发现了一个严重的问题，可以悄悄地私下告诉大人。如果问题不是那么严重，你就可以忽略它。

★使用表情或肢体动作。

当你想融入集体但不想引人注意时，你可以站在人群旁边，用微笑表示友好，在听到有趣的话题时点点头或跟着大笑。当你变得更舒服时，你再决定要不要参与谈话。就算一句话都不说也没关系，你已经身处集体中了，而且在相对安静的状态下感受到了融入集体的乐趣。

★一次跟一个人交谈。

如果和一群人交谈可能会让你感到不知所措，那就试着一次只跟一个人交谈。这个人可能是你认识的人，可能是碰巧在你旁边的人，也可能是一个看起来友好但没有参与谈话的人，去和他聊天吧。你可以用赞美来打招呼（具体做法在前面提到过），用提问来增进了解（说不定还能发现共同爱好），还可以谈论正在参与的这项集体活动。你如果觉得和这个人聊不来，那就换一个人聊。

如果有人找你说话，那么恭喜你，你不用去创造话题了。此时，你应尽可能礼貌、友好地回应他人。

亲子互动：写一写其他有助于社交的妙招，找机会尝试一下

活泼好动，我不打扰他人

社交小剧场

天天是一名五年级的学生，一直以来，他都是班里的"人气王"，他性格活泼，擅长各种游戏、体育运动，大家都喜欢跟他玩。但自从升入高年级后，他的"热情"显得有点过头，比如，上课时注意力不集中，小动作很多，不仅自己不能专心听讲，还经常干扰身边的同学听讲。课间活动的时候，他能跟同学们一起玩得很开心，但有时候会兴奋过头，造成一些人际摩擦。后来，老师找他谈心，找到了原因。原来，随着课业增加，天天和同学们玩的时间变少了，他担心没人跟他玩，于是经常做一些"过头"的事情来吸引大家的注意力。经过老师的开导，天天的情况得到了改善。

父母的担心：这些都是类似的情况

△孩子上课调皮，影响他人学习。
△孩子注意力不集中，容易受外界干扰。
△孩子过于冲动，行为粗鲁。

给父母：从社交心理学的角度分析

孩子活泼好动，父母要注意区分这是病理性的，还是正常的。

如果是前者，应及时带孩子进行专业治疗；如果是后者，就需要对孩子的行为进行正确的引导。

孩子太调皮一般有几种常见的原因，例如：孩子好奇心强，渴望探索；表现欲强，想引起他人的注意；精力过剩，需要释放；家庭缺乏规范教育；等等。父母不要试图去压制孩子本能的活泼，应该和孩子多沟通，有针对性地纠正。

给孩子：社交重在行动

★通过练习，建立规矩和边界。

和同伴一起来做这个练习。选择大家都喜欢的事情来做，比如绘画，你们可以设定一个绘画主题，在规定时间内独立创作，其间要保持安静，使用自己的工具，不能跟同伴交流，直到练习结束。如果有人犯规，他就要接受惩罚。

★参加各种各样的活动。

可以参加体育、艺术、科技等各种各样的活动，既能收获知识、乐趣，也可以消耗过剩的精力。

亲子互动：写一写其他有助于社交的妙招，找机会尝试一下

愤怒生气，我能扑灭心中的怒火

社交小剧场

小雨今年10岁，动不动就爱发脾气，大家都说她"人小脾气大"。上课迟到了，回家跟爸妈生气；在学校值日，地扫不干净，生笤帚的气；考试没考好，生老师的气；和同学一起做实验，做不好，生同学的气……有时候发脾气，还喜欢摔东西。同学们都不愿意和她玩，爸妈也很头疼。

父母的担心：这些都是类似的情况

△孩子脾气差，难相处。

△孩子发脾气时没轻没重，对自己或他人造成伤害。

给父母：从社交心理学的角度分析

当一个人的欲求和意图遭到妨碍时，他很容易出现愤怒的消极体验。有些孩子情绪自控力差，比其他人更加容易冲动，就变得爱发脾气。在日常生活中，父母最好营造一种和谐的家庭环境，给孩子做好榜样，让他有一定的安全感，这样可以在一定程度上减少孩子发脾气的状况。在面对孩子的负面情绪时，父母不要一味地压制，引导孩子表达自己的感受，更有助于释放他的不良情绪。

给孩子：社交重在行动

★暂时离开让你感到愤怒的环境。

你可以暂时离开让你感到愤怒的地方，给自己一点空间，冷静下来，然后考虑下一步怎么做。

★分散注意力，尝试一些让自己冷静下来的方法。

- 深呼吸。
- 在脑海中做算术题。
- 用冷水洗脸。
- 吃点东西。
- 看书、看电视。
- 交叉手臂，给自己一个拥抱。
- 散步。
- 把注意力集中在5件事情上，例如找5个绿色的物品，想5个有"大"字的成语。
- 找朋友或家人倾诉，或者聊其他话题。

最好不要大喊大叫、摔打东西、攻击别人或自虐，这样做只会让你一遍又一遍地生气。

★用想象力消除愤怒。

当你生气时，想象自己去到一个神秘的地方，那里有一个笼子，专门关押负面情绪，你可以将所有的愤怒塞进笼子里，然后用各种各样的方式慢慢审判它们，直到将它们消除。这个方法可以让你变得好受一些，而且不会对现实世界造成破坏。

★将生气的原因写下来。

是什么让你生气？一件事、一个人或者其他东西。心理学研究发现，当人们愤怒到难以控制的时候，罪魁祸首不一定就是某件事，很多时候，是人们对这件事的看法。你可以将生气的原因罗列出来，然后逐个分析，尝试找出生气的真正原因，之后就容易给出合适的解决对策了。这个过程可以帮助你释放负面情绪，以后再遇到类似的事情，你还可以参考这些记录，就不那么容易生气了。

> 亲子互动：写一写其他有助于社交的妙招，找机会尝试一下

焦虑不安，我会释放压力和紧张

社交小剧场

李梅学习努力，但是每次考试成绩都不太理想。父母很着急，每到快考试的时候，就会催促她多做题、多看书，这让她感觉压力很大，越临近考试越焦虑，而且考试前一晚，肯定会失眠。后来，老师发现了李梅的问题，和她的父母进行了沟通。父母意识到问题所在后，转变了教育方式，还鼓励李梅说出自己的想法。经过一段时间，李梅对考试没有那么焦虑了，成绩也变得更加稳定了。

父母的担心：这些都是类似的情况

△孩子容易情绪激动，抵触父母。
△孩子成绩下降，逐渐对学习丧失兴趣。

给父母：从社交心理学的角度分析

很多父母认为只有自己有压力，孩子过得轻松自在，其实不然。有些孩子不愿或不擅长表达，父母没能及时发现，久而久之，很容易导致孩子出现心理问题。孩子感觉焦虑不安的原因很多，可能与学校环境、同学关系、考试、家长期望、自我压力等有关。父母应该引起重视，帮助孩子分析焦虑产生的原因，进而找到合适的解决方法。

给孩子：社交重在行动

★做一些喜欢或擅长的事情。

暂停做让你感觉焦虑的事情，尝试做一些你喜欢或擅长的事情，例如，阅读、听音乐、看电影、玩游戏、做运动等，设置一段放松时间，比如20分钟、30分钟。注意不要沉迷其中。

★睡觉。

睡觉可以让你暂时忘记烦恼，还能帮助你恢复精力。如果感觉难以入睡，可以试试洗个热水澡、喝杯热牛奶，或者做一些舒缓的有益于睡眠的活动。

★吃点好吃的东西。

尽量吃点健康的食物，比如蔬菜、水果，可以适当吃一点零食。无论吃什么，都不要过量。吃太多会让你感觉更糟。

★说一说，写日记。

如果你因为某事焦虑，比如考试、比赛等，可以找信赖的人说一说，寻求必要的帮助。如果你的焦虑来自某人，那就勇敢向对方说出你的感受，让他知道你因为什么而焦虑，问题只有说出来才有被解决的可能。另外，写日记也是不错的方法，它可以帮你理清思路，让你释放消极的想法和感受，并保持积极的态度。

亲子互动：写一写其他有助于社交的妙招，找机会尝试一下

胆小害怕，我有克服恐惧的秘诀

社交小剧场

　　小满从小跟着爷爷奶奶在乡下长大，直到上小学才被爸妈接到身边。第一天上学，小满从家哭到学校，怎么哄都哄不好。爸爸生气地说："你要是再这样，明天就把你送回乡下。"小满果然不哭了，但是看得出来他一直强忍着。小满不仅害怕上学，也害怕参加集体活动，遇到问题也不敢说，一犯错、一着急就偷偷抹眼泪。他在家里也是如此，容易因为一点小事哭，每次爸爸都会用"送他回乡下"这招，屡试不爽。随着年龄慢慢增长，小满没那么爱哭了，但说话做事都非常小心，对谁都毕恭毕敬，不敢和人争论，也不敢拒绝别人，看到爸妈皱一下眉头也会很紧张。

父母的担心：这些都是类似的情况

　　△孩子遇到一点小事就哭。
　　△孩子思维敏感，爱大惊小怪。
　　△孩子胆小，容易成为被欺负的对象。
　　△孩子黏人，依赖性强。

给父母：从社交心理学的角度分析

　　有些孩子内心敏感度高，容易对陌生环境、新鲜事物、不熟悉

45

的人等感到害怕。如果家庭氛围比较严肃，父母总是吵架或对孩子陪伴较少，也容易让孩子变得胆小。上文案例中的小满因幼年缺少父母陪伴，经常受到"恐吓式"教育，最终形成了讨好型人格。

在孩子的成长过程中，父母需要给孩子充足的安全感，不应该对孩子过于苛责或过度保护。父母应尝试接受孩子胆小的事实，理解他的恐惧，然后鼓励、引导他克服恐惧。

给孩子：社交重在行动

★认识自己的恐惧。
....

你害怕什么？把它们写下来，然后想一想自己为什么害怕它们，研究一下它们究竟是什么，可以从书中、网络上寻找资料。当你逐渐熟悉它们，你就会发现自己没那么害怕了。

★尝试改变。
....

勇敢不是无所畏惧，而是你虽然感到恐惧但敢于直面恐惧，并尝试改变现状。每当你克服一次恐惧，就记录下当时的感受，这样你的内心会慢慢变得强大起来。

★参加一些可以磨炼意志的运动。
....

跑步、游泳、轮滑、爬山等都是可以增强勇气和提升胆量的运动，你可以尝试这方面的运动，而且在运动过程中，你还可以接触到外界的人和事，这有助于你克服恐惧。

★可以寻求帮助，但不要依赖。
....

遇到难以承受的恐惧时，你可以向朋友、父母等信赖的人寻求

帮助，和他们一起寻找克服恐惧的办法。你要亲自参与其中，不要
事事都依赖他人，这样你才能逐渐学会独立解决问题。

亲子互动：写一写其他有助于社交的妙招，找机会尝试一下

难过抑郁，我能走出阴霾

📷 社交小剧场

　　露露和小西是从小一起长大的好朋友，在即将升入四年级的那个暑假，小西举家搬迁，去了另一座城市。露露感觉很难过，她觉得自己再也见不到小西了，以后再也不会遇到像小西一样的好朋友了，再也没有人可以和她一起玩儿、一起上学了。露露哭了很久，她告诉妈妈："我再也不想去学校了。"后来，妈妈给她讲了自己小时候和好朋友分别的故事，还给她出了一些好主意："你可以和小西视频聊天，放假的时候我们两家还可以一起去旅游。"在妈妈的陪伴下，露露渐渐走出了悲伤。

　父母的担心：这些都是类似的情况

　　△孩子伤心过度，影响正常的生活。
　　△孩子钻牛角尖，无法排解不良情绪。
　　△孩子陷入抑郁，做出伤害自己的行为。

给父母：从社交心理学的角度分析

近些年，孩子抑郁的问题日趋严重，但很多父母不理解孩子。导致孩子抑郁的因素有很多，社会因素、家庭因素、自身因素……作为父母，我们首先得理解孩子的悲伤情绪，才能帮助他走出阴霾。从心理学角度看，情绪是身心是否得到满足的一种外在表现，当身心长期处于严重亏空的状态或遭遇强烈打击时，比如，长期缺少关爱，经常被恐吓，遭遇分离、死亡等，孩子就容易陷入负面情绪的旋涡。

在日常生活中，父母需要随时关注孩子的情绪状态，及时发现孩子的不良反应，并加以重视，对孩子提供一些指导性建议。孩子的不良反应严重的话，应及时进行专业治疗。

给孩子：社交重在行动

★接受自己的情绪。

你无法改变现状时，可以通过接受自己的情绪来善待自己。你可能觉得很难过，但是这种感觉没有对错，它只是告诉你："我现在来了"。

★和他人分享你的感受。

你感觉很难过时，可以把你的感受告诉关心你的人。分享你的感受，就好像搬东西时请别人帮你负担一部分重量。朋友、家人可以给你提供安慰，这会让你感觉好一些。

★做一些事情来表达你的感受。

在难过的时候你可能会哭泣，没关系，这是一种正常的生理反应，泪水可以帮助你释放一些沉重的情绪，但是不要哭太久。另外，你可以将自己的感受写成日记或者画成图画，让这种情绪变得具象化。

★做一些能让自己得到安慰的事。

回忆一些美好的时光，做一些自己喜欢的事情，如听歌、阅读、散步……做任何让你觉得舒适的事情都可以，这能给你一些安慰。但不要做伤害自己或他人的事情，那样只会让你感觉更糟糕。

★给悲伤一些消散的时间。

就像天气有时晴、有时阴，情绪也是这样的，悲伤有时会持续一段时间，但它不会总是保持在一个强烈的水平，过一段时间，你会惊讶地发现，悲伤逐渐消散了。

> 亲子互动：写一写其他有助于社交的妙招，找机会尝试一下

冲动是魔鬼，我会三思而后行

社交小剧场

木木是一个风风火火的男孩，做事急躁。有一次，同桌不小心碰掉了他的书本，他不等对方道歉，就一把将同桌的书本全扔到了地上。于是两人吵了起来，差点就动手了，幸亏同学叫来了老师。妈妈不是没有试过管教木木，但无论是心平气和地说，还是严肃地讲，木木总是不耐烦，最后搞得妈妈一肚子火。

父母的担心：这些都是类似的情况

△孩子冲动、急躁，容易跟人起冲突。
△孩子粗心大意、丢三落四，给自己或他人带来麻烦。
△孩子沉不住气，做事莽撞，经常后悔。

给父母：从社交心理学的角度分析

从心理学角度来说，情绪是内心需求的表达，也是人们行为的驱动力。有些孩子自控力较差，容易被情绪主宰，便出现了冲动、鲁莽的行为。这个时候，往往需要父母加以引导和处理，帮助孩子学会自我控制，让孩子采取合适的方式表达情绪，避免冲动。

给孩子：社交重在行动

★分清情绪和冲动行为。

同桌碰掉了木木的书本，木木很生气，这是一种情绪；同桌向木木道歉，这是一种友好行为；但是木木没等同桌道歉就扔了对方的书，这就是冲动行为。原本木木听到道歉可能就不会生气了，但是因为木木冲动，让事态朝着糟糕的方向发展，结果双方都很生气。所以，如果你也遇到类似的情况，可以先深吸一口气，数10秒钟，等对方做出反应，再决定自己下一步怎么做。

★多看一眼，多想一下。

很多人，仅凭一句话就做决定，这很容易让他们后悔。因此，多听一下，让别人把话说完，换个角度想想，更有利于你做出明智的决定，减少误会。

★玩一些需要思考的玩具。

比如，拼图、魔方、乐高等，这些玩具有助于提高你的分析、判断能力，让你养成思考的习惯。

亲子互动：写一写其他有助于社交的妙招，找机会尝试一下

嫉妒不是羡慕，我能调整心态

社交小剧场

美林学习很优秀，是爸妈的骄傲，也是同学们眼中的"别人家的孩子"。按理说，她已经很优秀了，不需要家长、老师操心。然而，她因为争强好胜，嫉妒班上另一位学习成绩好、受大家欢迎的女同学，处处跟对方比。有时候，她会在背后议论这位女同学，还会偷偷弄坏这位女同学的东西。有一次，在体育课上跑步时，她为了超过这位女同学，故意从后面推对方，结果导致对方摔断了胳膊。同学们觉得她"太可怕了"，都疏远了她。

父母的担心：这些都是类似的情况

△孩子因为嫉妒而弄虚作假。
△孩子攀比心强，爱慕虚荣。
△孩子见不得别人好，做出过激行为。

给父母：从社交心理学的角度分析

嫉妒是人际关系中的一种不良心理，人皆有之。对孩子来说，嫉妒也是他的自主意识觉醒的一种表现。孩子在前期主要是因为攀比而出现心理压力，在中期则会出现由失望、羞愧转变为耻辱的心理挫败感，在后期则会出现不满、不服气和怨恨等情绪，甚至可能做出损人行为。

在家庭教育中，父母首先要注意自己的言行，不要总是拿孩子与其他人比较，不要过分夸大或贬低孩子的能力，要多给孩子创造学习机会。父母如果发现孩子存在嫉妒心理，要及时采取合适的办法加以疏导。

给孩子：社交重在行动

★弄明白羡慕和嫉妒的区别。

在社交中，羡慕和嫉妒是两种十分常见但容易混淆的情绪。学会区分二者，能够帮助你正视自己的情绪。

羡慕	嫉妒
单纯的对比，更多表现为仰视，羡慕者与被羡慕者通常没有竞争关系	刻意的对比，嫉妒者与被嫉妒者很多时候存在竞争关系
没有敌意，通常表现出渴望、向往的情绪	有明显或强烈的敌意，比如怨恨对方，贬低对方，破坏对方的物品，等等
能看到对方的优点	看不到对方的实力，认为对方只是运气好
可以激发人的积极性	产生负面情绪，阻碍个人成长

★停止和他人作比较。

每个人都是不一样的，都有各自擅长与不擅长的方面，不要将目光放在比较这件事上，盲目的攀比是没有意义的，尤其是不要拿自己没有的和他人拥有的作比较。你可以用发现的眼光学习他人的优点，这样可以帮助你变得更好。

★专注于你能做什么。

……………………………………………

世界上总有一些人比你更好，那又怎样？就好比一支篮球队中有最优秀的球员，也有第二好、第三好以及很普通的球员。难道因为不如最优秀的球员，其他球员就退队了吗？当然不会，因为不同的球员有不同的职责，如果其他球员不发挥作用，那么只有一个最优秀的球员，该球队在比赛中也难以取得好成绩。

所以，如果你在某方面不是最好的，没关系，想想你在其他方面能发挥的作用，把注意力集中在"我能做什么"上，而不是集中在"他比我强"上。

亲子互动：写一写其他有助于社交的妙招，找机会尝试一下

………………………………………………………………

………………………………………………………………

………………………………………………………………

………………………………………………………………

………………………………………………………………

遭遇失败与挫折，我能停止失望和抱怨

社交小剧场

学校举行接力跑比赛，王涛是体育委员，也是班里的主力，负责跑第一棒。他的表现不错，跑在最前面，但是从第三棒开始，他们班就逐渐落后了，最终错失了冠军，只得了第二名。老师和同学们都觉得这个结果挺好，但是王涛很失望，他把队员们召集在一起挨个批评，抱怨负责跑第二棒的同学太轻敌，负责跑第三棒的同学没有跑得更快，负责跑第四棒的同学跑得太慢。起初，队员们都默默地接受了批评，但是王涛接连抱怨了3天，大家就觉得他小题大做，太烦人，都不愿理他了。

父母的担心：这些都是类似的情况

△孩子"输不起"，不愿接受失败。

△孩子爱抱怨，被同学讨厌。

△孩子心情低落，对一切都感到失望。

给父母：从社交心理学的角度分析

有些孩子遇到一点失败与挫折就备受打击、消沉不已或者抱怨他人，让周围的人也感觉不舒服。如果孩子长期处于这样的心理状态，就会对其今后的成长产生很多不良影响。这就需要父母了解一个概念——心理弹性，它反映孩子对失败与挫折的内心接受值。如果一个孩子的心理弹性比较高，那么他可以接受一定范围内的失败，就算遇到比较大的挫折，他也可以慢慢调节、恢复；反之，孩子就容易被失败影响，陷入失望和抱怨的负面情绪而无法自拔。

要提高孩子的心理弹性，父母需要给孩子进行适当的挫折教育，同时予以恰当的鼓励，让孩子明白人生有很多种状态，不只有输赢。此外，父母还要引导孩子学会排解失望、抱怨等不良情绪。

给孩子：社交重在行动

★实用的"至少……"句式。

有时候，大人会跟你说："看看好的一面！"但这并不容易做到。因为人在非常失望的时候，往往很难在糟糕的情况下找到好的东西。那怎么办呢？你可以尝试寻找"不那么糟糕"或者"更糟糕"的东西。

套用"至少……"这个句式，你会发现，让自己失望的事情并没有那么糟糕，比如，"虽然没得第一名，至少我们得了第二名，不是最后一名""虽然没有跟朋友分到一组，至少我们还在一个班""虽然没有考满分，至少我比上次提高了10分"。

★从失败中学习经验教训。

失败只是一个结果，你与其总是失望、抱怨，不如行动起来，找一找失败的原因，把自己存在的问题列出来，寻找解决办法，这样下次再遇到同样的情况，你就有经验了。说不定下次你还会收获不错的结果。

★寻找新的希望。

失望、抱怨不会对既有事实造成任何改变，而是只会让你或者周围的人感觉不舒服。你与其原地停留，不如继续前进，寻找新的希望，说不定下一个转角处就是晴天。

亲子互动：写一写其他有助于社交的妙招，找机会尝试一下

来自他人的负能量，
我会妥善处理

社交小剧场

班里换座位，楠楠和子琪成了新同桌。相处了两三天后，楠楠陷入了苦恼。因为子琪太敏感了，他们总因为一些小事闹别扭。比如，楠楠写作业时不小心碰到子琪的胳膊，子琪会觉得楠楠是故意的，楠楠道歉后，他们和好后没一会儿，子琪又因为楠楠跟好朋友说悄悄话，就认为她在议论自己。而且，子琪经常闷闷不乐，起初楠楠还会问她"怎么了""需不需要帮忙"，后来楠楠发现子琪并没有遇到什么伤心事，都是因为一些小事不顺心。楠楠很想换座位，但是为了顾及子琪的情绪，只能作罢。直到全班再次换座位时，楠楠才终于"解脱"。

父母的担心：这些都是类似的情况

△孩子同理心太强，给自己造成心理压力。
△孩子爱管闲事，经常给自己惹来不必要的麻烦。
△孩子和负能量的人在一起，逐渐被同化。

给父母：从社交心理学的角度分析

我们常说，情绪是会传染的。孩子发育不成熟，判断力有限，很容易受到他人的情绪影响，甚至有些孩子在人际交往中因共情能力太强，将注意力过度集中在别人身上，结果导致自己心理"生病"。因此，父母需要帮助孩子学会从自我感受出发，分辨不同"气质"的人，并引导他将同理心转化为同情心，合理使用自己的共情能力。

给孩子：社交重在行动

★有选择地远离负能量的人。

....

尽量与乐观、积极向上的人交往。如果这个人的消极情绪让你感到很不舒服，恰好他也不是你关心、在意的人，那么你可以直接远离他，少跟他交往。你不必为此感到内疚或无助，因为别人有消极情绪不是你的问题，而且你需要把有限的精力放在你真正关心的人身上。

★不要试图替别人消化负能量。

....

别人有负能量时，你可以提供建议、安慰，但是不能替他消化负能量，只有当他自己愿意行动时，他才能够解决自己的问题。替别人消化负能量会给你造成心理压力。

★不凑热闹。

....

看到有人在争吵、打架，尽量不要参与，也不要围观凑热闹，以免被波及。

★等对方把话说完，一起寻找原因。

....

如果有人冲你发脾气，你可以先等他把话说完，然后问他为什么生气。这样做会帮助他理清自己的思路，他可能会发现他并不是真的对你生气——也许他只是在把自己关于其他事物的愤怒发泄在你身上。

如果他是因为你犯的错而生气，你在听了他的回答后，发现确实是自己做了错事，那么你可以道歉。若是你们有不同的意见，你可以说出你的观点，然后让他和你一起讨论解决方案。

如果你们彼此都很生气，那么分开一段时间，各自冷静下来后再沟通。

亲子互动：写一写其他有助于社交的妙招，找机会尝试一下

来自父母的期待，我会正确看待

社交小剧场

思思的父母都是大学老师，从小就很看重思思的学习成绩。当然，父母在生活上对思思也是呵护有加，尽可能满足她的需求。思思知道父母是爱自己的，她学习也很努力，在各方面表现都很优秀。尽管父母对她已经很满意了，但她觉得自己还可以做得更好。然而随着课业增加，她感觉有些力不从心，而且父母对她越好，她就觉得压力越大，害怕自己会让父母失望。

父母的担心：这些都是类似的情况

△孩子把父母的爱当作压力。
△孩子逐渐叛逆，难以沟通。

给父母：从社交心理学的角度分析

人们常常专注于父母对孩子的爱，常说父母对孩子的爱是无条件的。仔细想一想，除了生育外，父母对孩子的爱其实是有条件的，他们希望孩子学习好、听话、长大后会挣钱、能为父母养老……实际上，孩子对父母的爱同样值得赞扬，他们不计较父母的坏情绪，会为了让父母满意做很多事情，会替父母照顾兄弟姐妹……父母应该明白，爱是双向的，而孩子的爱往往更纯粹。作为父母，应该放弃对孩子提这样或那样的要求，与孩子更好地爱彼此。

给孩子：社交重在行动

★和父母沟通，让他们参与你的生活。

你可以把握3点，让沟通更有效。①事件："我因为……感到有压力"。②意图："您说的……是什么意思？"③解决方案："我希望……""我们可以达成……共识"。经过沟通，你可能会发现，父母只是期待你成为一个努力的人，并不希望你成为一个只会考试的机器。你平时有烦恼可以告诉父母，他们越了解你的生活，通常越能体会你的感受。

★实事求是，客观对待自己。

你是最了解自己能力的人，能做到几分就尽力做到几分，预估正常结果，把实际情况告诉父母，让他们理解。

★给父母一点时间去适应和接受。

有时候，父母可能会对你的决定感到失望或担忧，没关系，给他们一点时间去适应和接受，同时也让自己有机会消化来自他们的压力。

亲子互动：写一写其他有助于社交的妙招，找机会尝试一下

遇到解决不了的困难，我会寻求支持与帮助

社交小剧场

倩倩和小英是好朋友，两个人都喜欢小动物。一个周末，她们去公园玩，遇到了流浪猫，倩倩在亲近流浪猫的时候不小心被抓伤了。小英家里养了小狗，她知道这样很容易感染狂犬病毒，于是让倩倩赶紧回去告诉家长。倩倩却觉得不是被咬伤的，应该没事，而且她害怕被爸妈责怪。晚上回到家，小英心里一直放不下这件事，就告诉了妈妈，妈妈建议她打电话问问倩倩，看她有没有跟爸爸妈妈说。一问果然没说，最后，小英妈妈跟倩倩妈妈进行了沟通。第二天，倩倩去打了狂犬疫苗，而且她也没有被爸爸妈妈责骂。

父母的担心：这些都是类似的情况

△孩子遭遇不好的事情，不敢说出口。
△孩子高估自己的能力，做一些危险的事情。
△孩子独自承受压力，出现心理疾病。

给父母：从社交心理学的角度分析

在孩子的成长过程中，父母给孩子提供独立解决问题的机会是有必要的，父母不能凡事都介入。但是，遇到超出孩子能力范围的事，父母不应该坐视不管。一方面，孩子需要知道求助的界限，另一方面，父母要向孩子打开求助通道，为他提供必要的指导。不要让孩子成为宁愿默默崩溃，也不敢求助的"心理孤儿"。

给孩子：社交重在行动

★认清求助的界限。

遇到什么样的事情时需要向他人求助呢？当你的人身安全受到威胁、伤害，或者你出现心理疾病，已经影响到正常生活，而你没有能力自行解决时，你就需要向他人求助了，比如，遇到校园霸凌、意外，以及出现抑郁、失眠等。

★寻求帮助不是一件令人羞耻或尴尬的事。

每个人的能力都是有限的，向他人寻求帮助不代表你无能，所以，你不用觉得羞愧或尴尬。相反，你应该考虑的是，如果你得不到帮助，无法解决问题，那可能更糟糕！

★建立自己的"关系网"。

观察一下身边的人，值得你信赖的人将构成你的"关系网"。一般来说，父母是你最亲密、最值得信赖的人，他们会很乐意帮助你。除此之外，朋友、老师、警察等，在某些情况下也是可以帮助你的人。比如，学习遇到困难，可以向老师请教；朋友之间发生矛盾，可以找另一个朋友帮忙调解；在外面遇到意外，可以打电话向警察求助；等等。

亲子互动：写一写其他有助于社交的妙招，找机会尝试一下

第3章

自我激励:

欣赏自己是门艺术,
我有强大的内核力

自尊自爱是根本，我很在乎自己

社交小剧场

在学校，子浩不太受大家欢迎，因为他有点厚脸皮。子浩喜欢和圆圆玩，就总是黏着对方，圆圆去哪儿他去哪儿，就算圆圆生气地制止他，没过两分钟，他又嬉皮笑脸地跟上来。学习不好的他会说："我就不是读书的料。"同学们嘲笑他"傻"，说他是"跟屁虫"，他也不生气，还跟着自嘲。有段时间，他在小区里认识了一个朋友，总喜欢跑到朋友家里玩。一次两次还好，时间长了，朋友的家人有意见了，明说、暗示让他少来，他也不当回事。父母也经常批评子浩，他不但不难过，还总说："对啊，我就是厚脸皮，那又怎样？"搞得父母既生气又无奈。

父母的担心：这些都是类似的情况

△孩子没有羞耻心，无论别人说什么都无所谓。
△孩子没有上进心。

给父母：从社交心理学的角度分析

自尊自爱是健康人格的基石，一个人懂得爱自己、尊敬自己，才会被他人爱、被他人尊敬，才懂得如何爱他人、尊敬他人。孩子通过自尊自爱获得原始的自我价值感，这会给他带来勇气、自信。与之相对的一种心理被称为"低自尊"，"低自尊"的孩子通常会觉得自己"没有能力""配不上""无所谓"，缺乏羞耻心和上进心，容易逃避现实。

在教养方面，父母需要注意自己的行为，不要总是打压、批评孩子，少拿孩子和他人对比，应该给予孩子适当的积极关注、鼓励，帮助他学会正确认识自己。

给孩子：社交重在行动

★重视自己的感受。

学会识别自己的感受，比如开心、生气、难过、委屈、害羞……勇敢地表达自己的感受，尤其是在遇到不公待遇时。爱自己，就是能够接受好的情绪，也能处理坏的情绪。例如，被批评时感觉不开心，但仍然会继续努力。

★建立正面的人际关系。

你可以多跟积极向上的人交往，正面的人际关系可以让你感到被接受和尊重，而且你还可以从对方身上学到良好的品质，这有助于增强你的自尊心和自信心。不要过度否定自己，也不要太在意他人的眼光，待人接物要有"底线"，遵守基本的法律和道德规范。

亲子互动：写一写其他有助于社交的妙招，找机会尝试一下

树立自信，我用积极的语言影响自己

社交小剧场

闹闹刚上一年级，妈妈发现他缺少自信，遇到事情总是退缩。老师让他回答问题，他总说："我不会。"爸爸鼓励他参加运动会，他说："我不去。"妈妈为了培养他的自信，想让他学演讲，他大喊："我不行。"其实，闹闹的能力很强，没有人给他"下任务"的时候，他基本上都能完成任务。但因为态度消极，他错失了很多成长机会。

父母的担心：这些都是类似的情况

△孩子态度消极，不思进取。
△孩子缺乏自信，还没开始做就打"退堂鼓"。

给父母：从社交心理学的角度分析

心理学研究表明，积极的语言可以给人带来鼓励和支持，有利于增强自信。由于他人的语言具有不确定性，因此我们可以"自我对话"。这是一种非常简单的自我管理手段，能够起到调节自我情绪、倾听自己内心的作用。父母可以指导孩子学习如何"自我对话"，用积极的语言来培养自信。

给孩子：社交重在行动

★大声朗读。

....

这个方法可以刺激大脑神经，令你精神振奋，同时还能提高你的记忆力。

★经常阅读积极的想法。

....

平时，你可以将积极的想法记录下来，时不时拿出来阅读一下，尤其是在你需要鼓励、安慰的时候。如果你经常说一些积极的话，你很可能会成功。如果说一些消极的话，你会让自己和周围的人感觉很糟糕。

★采用积极的说话方式。

....

常说"我可以……"，少说"我不行""我不能""我不敢"。例如学打球，你可以说"我不会打球，但我可以学一学"，而不是说"我不行，打不了球。"

用"我很乐意……"代替"我得……"。例如，要学习了，你可以说"我很乐意去学习"，而不是说"我得去学习了"。

多表达"希望"，少用"我不希望……"。例如去上学，你可以说："我要早点出门，这样到学校还有多余的时间干点别的。"而不

是"我最好早点出门，我可不希望迟到"。

用"挑战、机会"代替"问题"。例如，参加比赛时，你可以说"看来我要面临不少挑战了"，而不是说"我会遇到很多问题"。

亲子互动：写一写其他有助于社交的妙招，找机会尝试一下

拥有信念，我这样树立健康的"三观"

社交小剧场

龙龙从小在家人的宠溺下长大，家庭条件优越，可以说是"要风得风，要雨得雨"。他认为，只要有钱，学习好不好都无所谓。要是有人不顺他的心意，他就会发脾气。他跟班里一大半同学都闹过不愉快。由于规则意识也很薄弱，他经常我行我素，不遵守学校的规章制度，为此老师没少跟家长反映问题。现在他已经读五年级了，可是一个好朋友也没交到。有两三个同学倒是经常跟他来往，但也只是在需要花钱的时候才会找他。

父母的担心：这些都是类似的情况

△孩子自私自利，难以跟他人相处。
△孩子"三观"不正，走上歧途。

给父母：从社交心理学的角度分析

我们常说的"三观"，通常是指世界观、人生观、价值观这3种观念，它们相辅相成，共同构成了我们的思维方式和行为准则。心理学研究表明，儿童在10岁左右开始形成"三观"，但由于自身存在的局限性，在纷繁复杂的社会变革和信息传播过程中，孩子

不能完全理解"人
生""价值"等的确
切含义，因此，父母
需要发挥指导作用，
帮助孩子树立正确
的"三观"。

世界观
人们对世界的基本认知。

价值观
人们对事物、生活的判断标准。

人生观
人们对生命的理解和追求。

给孩子：社交重在行动

★广泛阅读。

书籍是你用眼睛丈量世界的法宝。多看一些富有正能量、包容
多元文化的书籍，可以拓宽你的视野。另外，出去走走也是一种阅
读方式，可以丰富你的人生体验。

★理性讨论。

这个世界每天都在发生变化，你可以和同伴一起理性讨论社
会热点、各种价值理念等，通过交流来提高自己的判断能力和思考
能力。

★参加社会实践。

多参加一些社会实践，例如文化活动、公益活动等，这可以增
强你的社会责任感，有助于你培养团队合作精神，形成良好的人生
取向。

亲子互动：写一写其他有助于社交的妙招，找机会尝试一下

人无完人，我接受自己的不完美

社交小剧场

蓉蓉是一个追求完美的女孩，头发要梳得一丝不苟，鞋子要擦得干干净净，考试要考满分……她总希望自己能够成为更加优秀的人。新学期开始，班里转来一位女同学，人长得漂亮，性格好、学习也好，深受大家欢迎。学校要举行一年一度的"小主持人"比赛，往年蓉蓉都是班里的代表，可是今年她落选了，新同学成了全班的焦点。为此，蓉蓉哭了一整晚，她觉得自己太差劲了。

父母的担心：这些都是类似的情况

△孩子过于追求完美，给自己很大的压力。
△孩子思想极端，爱"较真"。

给父母：从社交心理学的角度分析

随着身心日趋发展成熟，有些孩子对自己的要求会越来越高，他们在周围人对自己高期望的影响下，很容易产生追求完美的心理。追求完美的孩子常常出现极端表现，比如，过度"吹捧"自己，制定不切实际的目标，自欺欺人。一旦无法实现目标，他们就会对自己极度失望，一蹶不振。他们往往缺乏正常交流的能力，严重的话还会形成反社会人格。因此，父母平时不要对孩子有过高的期望，应帮助孩子树立平凡意识，引导他正确地认识和评价自己。如果孩子的问题很严重，父母要及时带孩子寻求专业的心理指导。

给孩子：社交重在行动

★你眼中的我，我眼中的你。

你可以和朋友或父母一起来做这个练习。每人准备一张纸，两人一组，在纸的一面写出自己的优点、缺点，然后在另一面写出对方的优点、缺点。写好后互相交换，一起讨论，互相说一说自己眼中的对方是什么样子的。通过这个游戏，你可以认识不一样的自己。

★接受自己的不完美。

请记住，世界上没有完美无缺的人。不信的话，你看看那些伟大的人物的传记就会发现，再优秀的人也有缺点。不要总是想"我为什么这么差"，要多想想"我已经足够好了"。你可以把不足当作成长的空间。

★发掘自己的闪光点。

有人是大树，有人是小草，大树可以结出果实，小草可以开出花朵。正是因为人各不同，世界才如此丰富多彩。你可以从他人的反馈中发现自己的优点，还可以多参加一些不同的活动，从中寻找自己的闪光点，这样你就会发现自己其实很不错。

亲子互动：写一写其他有助于社交的妙招，找机会尝试一下

....

....

....

....

....

避免内耗，我能化解自我冲突

社交小剧场

在大家眼中，小欣是一个聪明、懂事的孩子，学习成绩优异，待人友善。但是，她自己却非常拧巴。写字不整齐，就把纸撕了重写；学校的作业写完了，还要给自己布置课外作业，写不完哭着也要写；读六年级的她非要自学初中课程。爸妈都是很"佛系"的人，对她没什么要求，问她为什么要这样做，她也说不出原因，明明已经累了，就是不肯休息，别人怎么劝都没用。

父母的担心：这些都是类似的情况

△孩子心思深沉，令人捉摸不透。
△孩子出现对抗心理。

给父母：从社交心理学的角度分析

随着年龄增长，孩子的自我认同意识变得越来越强，父母经常发现，孩子会存在自我冲突。这种自我冲突通常表现在主观我与客观我、理想我与现实我、激情与理智、独立与依附、渴望交往与内心封闭、成才与厌学等方面。当自我冲突引起很多不满或痛苦时，孩子可能会把自己的消极情绪发泄到别人身上，但他甚至可能没有意识到自己在做什么，从而引发一系列人际矛盾，并加剧自我冲突。这个时候，父母需要指导孩子走出困境，给他一些时间与空间来化解自我冲突。

给孩子：社交重在行动

★像对待朋友一样对待自己。

人们对待朋友通常比较宽容，不会要求朋友"必须"怎样，对待自己时也应该如此。你应让主观我与客观我像朋友一样相处，包容、关心自己。比如，感觉自己累了，就让自己休息一下。

★不需要纠结，允许自己犯错。

当你发现有些事情并不是想象中那样的时候，不需要纠结，因为现实与理想本来就是有差异的。允许自己犯错，从错误中学会成长，你会发现更多惊喜。

★专注于过程，而不是结果。

自我冲突往往会想得很多，其实无论怎样，都会有结果。所以，去做、去体验过程，你会更容易找到平衡。

★实事求是，拥有合理的自我期待。

当你发现目标很难实现时，可能是你高估了自己，你需放低一些姿态，重新调整标准，设定符合实际的目标。

亲子互动：写一写其他有助于社交的妙招，找机会尝试一下

自我审视，我的言行会对他人造成什么影响

社交小剧场

最近，小伟很苦恼，因为他和班里的"淘气包"照照成了同桌。上课的时候，照照会故意挠他一下、踩他一脚；写作业时，照照会故意碰他胳膊，不让他好好写字。起初，小伟跟老师说了一两次，但照照屡教不改，后来老师就不经常管了。为了教训照照，小伟决定用"魔法打败魔法"，照照挠他，他也挠照照，谁知对方不但不收敛，反而很开心，两人就这样在课堂上"互动"了起来，结果双双被老师批评了一顿。

父母的担心：这些都是类似的情况

△孩子没规矩，惹人烦。
△孩子太以自我为中心，骄傲自负。

给父母：从社交心理学的角度分析

一提到"熊孩子"，很多人会不由自主地皱起眉头 ——烦！因为这类孩子往往缺乏同理心，只在乎自己的感受，只考虑自己的利益，不管自己的言行会给他人带来什么影响。有些父母认为，孩子长大就会懂事，而心理学研究发现，6岁以前是培养孩子规则意识的

最佳时期，之后随着年龄增加，如果父母不加以纠正，孩子很容易变得自私自利，难以融入集体。此外，孩子需要学会自省，不断提高自我管理的能力。

给孩子：社交重在行动

★认识自己的言行。

有些言行具有攻击性，会带给人强烈的负面影响，比如脏话、绰号、暴力行为等，这些言行是不可取的。

有些观点或做法存在分歧，可能会有人反对，那么你需要注意，只围绕这件事情展开讨论，避免针对具体的人进行攻击。

★观察周遭的情况。

当你不确定自己的言行会造成什么影响时，注意观察周遭的情况，比如观察对方的表情或情绪、环境变化等，如果对方不高兴、生气，环境变得脏乱，就说明这些言行不太好。经常观察，还可以提高你的判断能力和分析能力。

★问答练习。

你可以和朋友或父母一起做这个练习。设定一个场景，和同伴互相提问。一方可以问在某个场景下可以做哪些事、

说哪些话，另一方做出评判。比如，在图书馆，"安静地看书"
（✓），"和朋友大声聊天"（×），然后互相讨论为什么有些言
行不好。

亲子互动：写一写其他有助于社交的妙招，找机会尝试一下

挑战自己，我从探索中找到勇气

社交小剧场

豆豆从小就害怕接触新东西，比如，没吃过的东西，一口都不肯尝；不会玩的游戏，拒绝参加。上小学后，他依旧如此，不擅长的运动，找借口躲避；不会做的题，直接跳过或者假装弄明白了。有一次，妈妈带他在广场散步，遇到和他年纪差不多的小朋友在玩轮滑，他津津有味地看了半天，妈妈问："你想不想学？"他立刻摆手拒绝："不必了，看看就行，我可不想学。"类似的情况还有很多，有时候，他也觉得某件事挺有趣的，但就是不想尝试，因此错过了很多成长的机会。

父母的担心：这些都是类似的情况

△面对新事物，孩子总是很胆怯。
△孩子不愿意改变。

给父母：从社交心理学的角度分析

有一类孩子，他们习惯在熟悉的环境中做自己熟悉的事情，比较看重结果，一旦失败，很容易放弃，不喜欢未知的事物。在心理学中，我们将这类孩子的思维模式称为固定型思维。与之相反的就是成长型思维。父母应该意识到，孩子需要拥有成长型思维，通过尝试新事物，走出舒适区，开阔眼界，主动学到更多知识和技能，才能更勇敢地面对未来。

给孩子：社交重在行动

★从最近发展区做起。

最近发展区是离舒适区比较近的地方，在这里，事情可能难做了一点，但大部分还是你所熟悉的，你做起来也不会觉得完全陌生。你可以这样一点点地尝试、进步，慢慢积累勇气。

★借助同伴的力量。

观察周围的同伴，看看他们在面对新事物时是怎么尝试的，通过这些示范，你更容易了解尝试的过程中要执行的步骤。最重要的一点是，你可以根据同伴的表现很好地估量自己的能力，并对自己说"他们行，我也可以"，从而让自己更有勇气。

★借助工具探索。

有时候，借助工具探索可以让尝试的过程变得轻松一些。比如，借助书籍、科技等，你不仅能了解新事物，还能顺其自然地学会工具的用法，两全其美。

★走进大自然。

大自然是最棒的老师，充满探索的可能性，你可以在大自然中认识各种生物，直接感受生态系统的运行。露营、旅行、登山、野外探险等，都是不错的方式。

亲子互动：写一写其他有助于社交的妙招，找机会尝试一下

集中注意力，我有兴趣和爱好

社交小剧场

上课的时候，小山总是发呆，班上有什么风吹草动，他都是第一个去关注，老师提醒他，他才会下意识地安静坐两分钟，之后又会做其他小动作。老师跟家长反映小山注意力不集中，建议让小山培养一些兴趣爱好来提高注意力。为此，妈妈给小山报了美术班，一段时间后她发现，小山画画时还是会分心，不是玩笔，就是抠指甲，效果不佳。

父母的担心：这些都是类似的情况

△孩子上课走神，学习跟不上。
△孩子做事拖拉磨蹭，拖团队的后腿。
△孩子粗心马虎，爱丢三落四。

给父母：从社交心理学的角度分析

孩子注意力不集中，很多父母能意识到可以通过培养兴趣爱好来提高孩子的注意力，但兴趣爱好并不是除了学习以外的任何事情。要想有效发挥兴趣爱好的作用，父母先要发现孩子的兴趣点。父母可以观察一下孩子平时有什么爱好，在选择兴趣班的时候征求一下孩子的意见。父母了解孩子真正的喜好后，应给他充足的时间和空间发展自己的兴趣爱好，避免有意无意地干涉。

给孩子：社交重在行动

★找出自己感兴趣的事情。

可以说，兴趣是你最好的朋友，它能给你带来许多快乐。如果你还没有一件感兴趣的事，那就去找一找吧。喜欢静态的事情，可以试试绘画、阅读、下棋、弹琴、编程、做手工等；喜欢动态的事情，可以试试打球、游泳、跑步、表演等。

★一次做一件事情。

人的注意力是有限的，同时做多件事情，会分散注意力。如果你觉得自己的注意力不够集中，可以尝试一次只做一件事情，当你的注意力提高一些后，你可以尝试一次做两件性质相同的事情。以此类推，慢慢提高自己的注意力。

★选择合适的环境。

如果要做比较安静的事情，比如阅读、画画、写作业等，尽量选择安静的环境，身边最好不要有与要做的事情无关的东西。如果要运动，可以去体育馆、运动场等合适的地方，这样可以玩得尽兴，也不容易影响他人。

亲子互动：写一写其他有助于社交的妙招，找机会尝试一下

保持好奇心，我用想象力做翅膀

社交小剧场

　　楚楚从小就对各种各样的植物感兴趣，平时没事总喜欢观察花花草草。上小学后，她接触了自然课，对植物的兴趣更加浓厚，经常会带一些树叶、野草回家，有的做成标本，有的做成手工艺品。在学校，她做的树叶书签特别受欢迎，同学们争着抢着要。妈妈发现了楚楚对植物的热情，于是给她报了兴趣班。经过系统学习，楚楚对植物的探索越发有创造性了。

父母的担心：这些都是类似的情况

△孩子总是一本正经，像个"书呆子"。

△孩子思维僵化，不会变通。

给父母：从社交心理学的角度分析

仔细观察一下那些幽默风趣、人气高的人，他们通常都很有想象力。丰富的想象力有时比知识更重要，它在一定程度上可以促进孩子的智力发展，让孩子的思维更加敏捷，进而提升孩子的社交能力。想象力离不开好奇心的驱动，父母需要保护孩子的好奇心，并引导孩子进行有意识的想象，鼓励孩子进行一些有意义的探索与创造。

给孩子：社交重在行动

★一起开展"头脑风暴"。

....

"头脑风暴"是一种集体创意法，你可以和同伴一起尝试。一个人负责主持，宣布"头脑风暴"的主题和规则，然后每个人把自己的观点写在纸上，轮流发言，发言结束后进行投票，主持人宣布结果。

★进行创造性尝试。

....

创造性尝试是培养想象力的关键。你可以从自己感兴趣的事情出发，进行一些创造活动，比如写作、绘画、做手工、做小实验等。通过这些尝试，你不仅可以锻炼自己的想象力和创造力，还能获得更多的成就感和自信心。

★跨学科联想。

....

有时候，你可能觉得学习很枯燥，那你可以试试"跨学科联想"。比如，想一想语文和数学之间的联系，你会发现数学中的应用题的题干很像一则故事，古诗中经常会出现与数学计量相关的内容。像这样进行跨学科联想，你会发现学习的乐趣，有时候还能防止偏科！

亲子互动：写一写其他有助于社交的妙招，找机会尝试一下

没有朋友陪伴也没事，我懂得享受孤独

社交小剧场

放暑假了，小智整天待在家里，感觉很寂寞。爸爸妈妈白天上班，只有晚上有时间陪他。好朋友去外地看望外婆，整个假期都要住在那里。小智不想每天写作业，外面又晒又热，他也不想一个人出去玩。他在家里不是看电视，就是玩手机，时间长了，他自己都觉得很无聊。整个暑假他都过得很空虚，还长胖了10斤。

父母的担心：这些都是类似的情况

△孩子一个人不知道干什么，虚度光阴。
△孩子害怕独处，总要有人陪。

给父母：从社交心理学的角度分析

孤独是一种普遍的心理体验。在缺少陪伴的情况下，孩子常常会觉得孤独，如果他无法排解失落、无助等负面情绪，很可能会出现严重的心理问题，这也是很多父母让孩子多去社交的一个原因。然而，父母还应该让孩子明白，我们并不是任何时候都会有人陪，有时，我们需要独自面对孤独，而这并不是一件坏事。

给孩子：社交重在行动

★正确看待孤独。

孤独并不可怕，你可以将孤独时刻看作独属于自己的时间，趁机审视一下自己，哪些地方做得好、哪些地方做得不好，还可以学习一些新技能，做一些新的改变，让自己变得更好。

★享受兴趣爱好。

现在知道为什么要有一件感兴趣的事了吧？在孤独时刻，你能发现兴趣爱好的重要性，可以专注地做自己感兴趣的事情，沉浸在自己的世界里，享受独有的快乐。

★享受安静。

感到孤独时，你可以冥想，或者去图书馆阅读，参观博物馆、美术馆等，在安静的氛围中放松休息，体会慢节奏的生活，同时还能领悟到时间的珍贵。

★享受大自然的美好。

没有人陪的时候，你可以亲近大自然，比如去公园散步、在静谧的街道上骑车等。如果你有小狗，还可以带着小狗在户外奔跑，享受大自然的美好。

亲子互动：写一写其他有助于社交的妙招，找机会尝试一下

做事要有始有终，我能坚持下去

社交小剧场

天宇很喜欢足球，让爸爸给他报了足球班。踢了一年足球后，他觉得很累，教练也很严格，他就不想继续训练了。可是，区里马上要举行足球比赛，天宇现在缺席会给球队带来麻烦。没办法，他只好继续训练。训练比平时更累，天宇心想，反正比赛结束后就不用来了，不用太认真。于是，在大家都紧张训练时，他表现得漫不经心，对教练的话也不太上心。在正式比赛的那天，因为天宇的几次失误，球队最终输掉了比赛。为此，大家都对他意见很大。后来，天宇虽然离开了球队，却留下了不光彩的一面，往日的队友遇到他也不愿理他。

父母的担心：这些都是类似的情况

△孩子容易放弃，不负责任，给团队造成麻烦。
△孩子做事只有"三分钟热度"，经常半途而废。
△孩子过于娇气，总是"知难而退"。

给父母：从社交心理学的角度分析

坚持是人们意志力的一种体现，人们要坚持做一件事，通常需要内驱力，这种力量多来自热情、自信、渴望等。有些孩子意志力较差，容易出现做事只有"三分钟热度"、有头无尾等情况，又因为很少取得成功，导致不自信。长此以往，不利于孩子的成长。这就需要父母给孩子树立正确的榜样，帮助孩子找到问题产生的原因，并有意识地训练孩子的耐力。

给孩子：社交重在行动

★弄明白自己的动机强度。

当你打算长期做一件事情时，先诚实地回答这几个问题：①为什么要做这件事？②是你自己想做的，还是你为了追随别人的脚步而做的？③做这件事对你有什么意义？如果不做这件事，对你会有什么影响？

弄明白自己的动机有多强，你就清楚自己是否能够坚持做下去。

★设定小目标。

意志力是可以通过练习来增强的。你可以做一些自己感兴趣的事情，为了避免出现"三分钟热度"的情况，一次尽量只做一件事。你还可以给自己设定小目标，每达成一个小目标就记录下当时的感受，这样可以帮助你积累热情，还能不断提高你的能力。

★不断审视自己取得的成果。

坚持不是闷头赶路，还需要经常审视自己取得的成果，从中总结经验、方法，同时体会自己的变化与成长。

★找一个做事有始有终的榜样。

有时，榜样会给你带来力量。如果你喜欢足球，可以找一个和足球有关的榜样，他可能是一名伟大的足球运动员，可能是你的教练，也可能是你的同伴，他们有一个共同点，就是有坚持不懈的精神。你需要学习的就是这种精神。

亲子互动：写一写其他有助于社交的妙招，找机会尝试一下

第4章

独立自主：

坚定地迈向未来，
我对自己负责

在日常生活中，我能照顾好自己

社交小剧场

暖暖11岁了，是名副其实的"小学霸"。她虽然成绩很好，但是生活却不能自理。因为妈妈为了让她专心学习，包揽了她生活中大大小小的事情。跟她同龄的其他孩子，完全可以做到独立用餐，而她的用餐前提是：妈妈把饭盛好，虾剥好，鱼刺全部挑干净，水果洗干净并切好。暑假期间，许多同学参加夏令营，暖暖也想去，妈妈就给她报了名。可是在第三天，夏令营的老师打来电话，说暖暖不能好好吃饭，也不会整理自己的内务，总是要别人帮忙，和同宿舍的朋友发生了矛盾。最后，因为实在无法适应集体生活，暖暖的夏令营之旅匆匆结束了。

父母的担心：这些都是类似的情况

△孩子自理能力差，离开父母就不能正常生活。
△孩子"难伺候"，总是给别人添麻烦。

给父母：从社交心理学的角度分析

在孩子成长的过程中，自理能力是一项非常重要的素质。具备自理能力后，孩子不仅可以照顾好自己，还能更好地适应社会生活。自理能力强最直接的一个好处就是，在日常生活中，孩子想做什么可以自己动手，不用求人。很多父母看重孩子的学习成绩，往往会忽略培养孩子的自理能力，以致孩子出现一些令人啼笑皆非的状况。因此，父母需要给孩子提供锻炼自理能力的机会，从做生活琐事开始，让孩子主动参与生活。

给孩子：社交重在行动

★独立完成个人清洁。

学会刷牙、洗脸、洗头、洗脚、洗澡等个人清洁方法，这样不管你在哪里，总能保证自己是干干净净的，还有助于保护自己的隐私。

★独立吃饭。

相信你对盛饭、接水、使用餐具等基本常识应该不陌生，另外，你可以学一下某些食物的剥壳、去皮、挑刺等方法，这样你想吃什么都可以自己弄，不用等别人帮你弄，以免错过美食。

★简单的衣物自己清洗。

袜子、手绢、内衣等小件衣物可以手洗，清洗方法也不难，你可以跟爸爸妈妈学一下清洗步骤，或者在网上自学。如果你觉得自己能驾驭电器，则可以学习使用洗衣机，这样你就能独立清洗更多的衣物。

★学会整理自己的物品。
....

你应养成用完物品将其放回原位的好习惯，例如，每次写完作业，将笔插入笔筒或放入笔袋、铅笔盒中，将书本放入书架并摆放整齐，将垃圾丢进垃圾桶。晚上睡觉前，把第二天学习要用的物品准备好，检查并确认没问题后放入书包。物品比较多时，你可以给它们分类，并将它们放在固定的地方，例如，将衣服叠好或挂好后放入衣柜，将鞋子放入鞋柜，将玩具放入玩具箱，等等。

★学做家务。
....

跟着爸爸妈妈学做简单的家务，比如擦桌子、扫地、洗碗、洗菜等。学习使用一些简单的工具，可以帮助你更好地完成家务，还能省时省力。在对简单的家务比较熟悉后，你甚至可以学习做饭，当然，要以安全为前提。

> 亲子互动：写一写其他有助于社交的妙招，找机会尝试一下

独立思考，我有分析问题的能力

社交小剧场

　　稳稳读五年级了，平常一遇到问题就问别人，从来不先主动想一想。在学习上，很简单的题他都会做错，明明是老师刚讲过的题，只要向他提问，他张口就说"不会"。他写作业也不认真，每次都得在家长的监督下才能完成。要是没有人监督，他就会用手机查答案。他在生活中也是如此，动不动就问"怎么办""怎么回事"，总是依赖别人。

父母的担心：这些都是类似的情况

　　△孩子遇到问题根本不思考。
　　△孩子做事总是"一根筋"，不会动脑筋思考。

给父母：从社交心理学的角度分析

　　在日常生活中，我们经常会看到这样的现象：孩子动不动就找大人帮忙，哪怕是很简单的事情，孩子也习惯张口就问。在学习上也是如此，明明是刚做过的题，转头就不知道怎么解答。孩子为什么不爱思考？原因有很多，比如父母对孩子百般呵护、事事包办，高科技的生活让孩子懒于思考，等等。因此，父母需要适当放手，用合适的方式引导孩子学会独立思考。

给孩子：社交重在行动

★从不同角度思考。

遇到问题时，你可以多问几个为什么，或者和同伴一起讨论，从多个角度寻找答案。

★代入式思考。

你可以将问题代入故事、游戏等有趣的形式中，从而增加思考的趣味性。你还可以将相同类型的问题代入固定的模式中，就会发现有些问题没有那么难。

★学会分析和比较。

当面对很多信息时，你可以试着将它们分别列出来，或者将它们分成几个小组进行对比。这样你能更清楚地看到它们之间的差异，学会深层次地理解问题，并形成自己的见解。

★画一画思维导图。

思维导图可以帮助你快速理清思路，提高思考能力。它有很多形式，比如气泡图、圆圈图、树状图、流程图等。无论是哪种形式，它基本上都由几个固定的要素构成：中心词、主干、分支、关键词、小图标等。在生活和学习中，如果遇到比较复杂的事情，你可以尝试用思维导图来思考与分析。

> 亲子互动：写一写其他有助于社交的妙招，找机会尝试一下

制定目标，我的人生有方向

社交小剧场

小七从小就很乖巧，爸爸妈妈让她做什么，她就做什么。上小学后，老师也说小七很守规矩，几乎没有给别人带来过麻烦。但是随着年龄增长，爸爸妈妈逐渐发现，小七做事很机械，似乎对什么都不感兴趣，成绩总是不上不下，问她有什么理想，她也说不知道。没事做的时候，小七就在家待着，爸爸妈妈让她出去玩，她就出去待着。看着别的孩子朝气蓬勃的样子，爸爸妈妈总觉得小七好像无所事事的"老人家"。

父母的担心：这些都是类似的情况

△孩子不知道学习是为了什么。
△孩子得过且过，没有人生目标。

给父母：从社交心理学的角度分析

没有人生目标的孩子过着怎样的生活呢？故事中的小七就是一个典型的例子。在心理学中，关于这种现象有一个名词："空心病"。从表面看，得"空心病"的孩子好像和其他人没区别，甚至更加优秀，但实际上，他们内心空洞，不知道为什么要学习，不知道生活的意义，严重者还会出现轻生的念头，而这种念头并不来自生活中的挫折、痛苦，而仅仅是因为"无聊"。因此，父母除了给孩子提供良好的物质生活外，还应该帮助孩子发掘人生价值，让他找到自己的人生轨道。

给孩子：社交重在行动

★找到自己的理想。

你有没有想过长大后要做什么？如果没有，那么现在就开始思考一下这个问题。你可以从自己的兴趣入手，比如你喜欢画画，可以考虑从事艺术方面的工作。如果你喜欢某些人的职业，可以参考他们的生活给自己制定简单的职业规划。你还可以将榜样作为自己的目标，成为像他那样的人。

当然，理想没有高低，也不是一成不变的，你喜欢快乐，那就去体验世界的美好；喜欢科学，那就去探索生命的多样性……

★给未来设个期限。

如果你对未来没有概念，不知道自己要做什么，别着急，不妨给未来设个期限，比如预想一下自己在2年、3年、5年后会成为什么样的人，会过什么样的生活，然后向着那个目标努力。你也可以先随大流，在达成阶段性的目标后，说不定你就找到了自己的奋斗方向。人生本来就没有标准答案，你可以用未来的眼光看待当下的生活，然后努力去做、去寻找，行动会帮你找到人生的意义。

★把学习和生活联系起来。

如果你不知道为什么学习，那么在生活中遇到问题或困难时，你可以尝试用课本上的知识来解决，比如，将买东西和数学知识联系起来，将旅游和地理知识联系起来，等等。学有所用，可以帮助你理解学习的意义。

> 亲子互动：写一写其他有助于社交的妙招，找机会尝试一下

管理时间，我做事自律不拖延

社交小剧场

　　早上起床，小松总是要磨蹭很久，穿条裤子要躺半天，刚穿上一只袜子又停下来。吃饭的时候，摸摸这里，又摸摸那里。写作业时拖拖拉拉，一会儿转笔，一会儿抠橡皮，半小时过去了，本子上就写了俩字。在外面玩时，别的小朋友玩一会儿就回家了，他一个人也要玩到天黑。班里集体去参观博物馆，其他人都准时集合，只有他磨蹭到最后才到。类似的事情还有很多，为此，爸爸妈妈很是头疼。

父母的担心：这些都是类似的情况

　　△孩子写作业时拖拖拉拉。
　　△孩子没有时间观念，要做的事情越积越多。

给父母：从社交心理学的角度分析

　　很多父母抱怨孩子做事拖拉，尤其是写作业的时候，明明作业很简单，也没有多少，孩子却总是写到大半夜，最后搞得父母和孩子都很疲惫。孩子之所以会出现这种情况，在一定程度上是因为缺乏时间观念。如果孩子学会管理时间，那么他可以对学习、休闲、社交等各个方面进行自主合理的安排，这样既减少了父母的麻烦，又提升了孩子的学习效率和生活品质。

给孩子：社交重在行动

★制作计划表。
....

把每天要做的事情列出来，完成一项就划掉一项。这个方法可以帮你养成"今日事今日毕"的好习惯。你还可以用同样的方法制作每周计划表、每月计划表、假期计划表等。

★分清事情的轻重缓急。
....

事情很多时，你需要分清楚轻重缓急，把必须做的事情放在前面，不着急的事情放在后面，合理安排时间。比如，放学回家先写作业再去玩，每天写完作业要整理书包。这样可以让你做事更有条理，学会劳逸结合，培养自己的责任感，避免因时间规划不合理而导致重要的事情做不完。

★合理规划时间。
....

为了避免拖延，你可以给每项任务合理规划时间，比如写作业一小时，读书半小时，玩手机20分钟，户外运动一小时，每天晚上按时睡觉，等等。这样做可以帮你形成良好的时间观念，还能保证作息规律。

★把大任务拆解成小任务。

在平时做计划的时候，比如做暑假计划时，考虑到作业很多，课外学习任务也不少，还要出去游玩，这些事情短时间内做不完，你就可以根据计划将大任务拆解成小任务，并将其分配在每天要完成的任务表中，这样不仅事情做起来轻松，你还能养成自律的好习惯。

亲子互动：写一写其他有助于社交的妙招，找机会尝试一下

拥抱变化，我有良好的适应能力

社交小剧场

由于爸爸妈妈工作繁忙，苏苏升入四年级后开始住校。一周后，老师向苏苏的爸爸妈妈反映，苏苏在学校经常哭泣、感到肚子痛，在宿舍无法习惯和同学一起生活，在课堂上难以集中注意力。苏苏请假回家后，爸爸妈妈并没有发现苏苏有任何不适。可是一回到学校，苏苏又出现了以泪洗面的状况，有时候在宿舍崩溃大哭，严重影响同学的生活。后来没办法，爸爸妈妈只好将苏苏重新接回了家里。

父母的担心：这些都是类似的情况

△孩子难以适应新环境，给自己和他人带来麻烦。
△孩子总是待在家里，社交活动太少。

给父母：从社交心理学的角度分析

生物学中有"适者生存"的说法，在社交心理学中，同样也有。适应能力强的孩子，内心往往更加积极和坚强，他们能够较快地融入新环境、新群体，更快地学到知识和生活经验，在面对一些突发情况时，不容易惊慌、崩溃，心理发展更健全。在日常生活中，父母不要过度保护孩子，应该让孩子有机会接触变化，适当地引导孩子学会接受变化。

给孩子：社交重在行动

★提前做一些准备。

当你得知要去一个新环境时，可以提前了解一下那个地方，条件允许的话，可以在他人的陪同下去那里转转，提前熟悉一下，这样可以减少一些不安的感觉。有时候，你的生活习惯可能也需要改变，你可以提前调整日常作息，慢慢改变某些习惯。

★逐渐增加社交频率。

面对新的集体，你可能一时很难接受。不要着急，你可以从容易产生交集的人开始接触，比如老师、同桌、一个社区的同学等，逐渐扩大与他人的接触范围，慢慢增加社交频率，这样可以帮助你逐渐克服社交恐惧，提高社交能力。

★多去外面走走，参加各种各样的集体活动。

世界每时每刻都在发生变化，在成长过程中，你总要经历大大小小的变化，比如升学、分班、搬家等。平时，你可以多去外面走走，观察生活中正在发生的变化，多参加一些集体活动，感受变化带来的乐趣，增加与外界的交流机会，这样可以提高你的适应能力。

亲子互动：写一写其他有助于社交的妙招，找机会尝试一下

敢于决策，我能做出明智的选择

社交小剧场

周末，悠悠和小伙伴们约好一起去参观博物馆。参观结束后，天色阴沉，雷声隆隆，一场大雨即将到来。悠悠思考了一下，建议大家在博物馆等一会儿再走，小君却认为，雨一时半会儿下不起来，要趁早回家。于是5个人分成了两拨，3个人决定立刻走，悠悠和小丽决定等一等。在小君他们离开后没多久，瓢泼大雨从天而降，悠悠和小丽都庆幸自己留了下来，等到雨过天晴后，两人才结伴回家。而小君三人则被浇成了"落汤鸡"，回家后就感冒了。

父母的担心：这些都是类似的情况

△孩子考虑事情不周全。
△孩子没有担当，推卸责任。
△孩子做事总是犹豫不决。

给父母：从社交心理学的角度分析

生活中有这样一类孩子，当其他同龄人遇到困难大哭求助时，他们会自己尝试各种解决办法，即使他们不确定那样做对不对，也会大胆做出决策，敢于承担后果。我们通常说，这样的孩子具有一定的领导力。孩子在成长的过程中，总会面临很多选择，父母需要给予孩子一定的支持与引导，激发他的领导力，就算他不去领导别人，这样也可以让他变得更优秀。

给孩子：社交重在行动

★尽可能搜集全面的信息。

信息是决策的依据，你可以通过阅读、咨询、调查等方式获取多方面的信息，尽可能保证信息的真实性和完整性，这样有助于你思考、分析，做出明智的判断。

★制定多个方案。

当你遇到问题时，最好想出几个解决问题的方案。如果有几个看起来不错的方案，你可以尝试那个看起来最好的，看看它是否有效，通过不断尝试找出最合适的方案。

★为自己的决定负责。

做决定前，先考虑一下可能会出现的结果，思考一下自己是否能够承受。如果决定了就这样做，那么不论结果好坏，都要不抱怨地接受既定事实。如果是好结果，会给你带来自信；如果是不好的结果也没关系，这会帮助你积累经验和教训，提醒你以后再也不做同样的事了。

亲子互动：写一写其他有助于社交的妙招，找机会尝试一下

有自己的节奏，我不被他人左右

社交小剧场

晃晃很喜欢画画，妈妈给他报了兴趣班，很快，他就在兴趣班结交了几位新朋友。平时，大家都喜欢玩游戏，经常邀请晃晃一起在线上玩。起初，晃晃会和他们一起玩游戏，可是晃晃觉得每天玩游戏耽误画画，后来就不常参加了。新朋友都说，晃晃只知道自己待着，不合群。刚听到新朋友这样说时，晃晃心里挺难受，但是没过多久他就释然了。他认为，新朋友说的是观点，不是事实，因为他还有其他朋友，也会和其他朋友聊天，只不过这些新朋友不知道而已。

父母的担心：这些都是类似的情况

△孩子没有主见，别人说什么就是什么。
△孩子立场不坚定，做出"背叛"行为。
△孩子做事没原则，总爱讲条件。

给父母：从社交心理学的角度分析

为什么孩子总是毫无原则地改变自己的立场？原因有很多，例如认知失调、盲目攀比、讨好他人等。父母需要让孩子明白，在人群中要学会保持自我，通过判断与思考来看清事实，避免盲从，别让自己成为他人的附属品。

给孩子：社交重在行动

★学会区分事实和观点。

事实是客观存在的，能够被验证；而观点是一个人的主观感受，通常不容易被验证。比如，"今天有32℃"是事实，温度计可以验证；"天气很热"是观点，可能有人不觉得天气很热。面对别人的评价，你可以先思考一下他说的是事实还是观点，之后再决定自己怎么做。

★学会批判性思考。

很多事情都有两面性，当别人说到某件事情时，你可以从正反两面去思考，敢于质疑，不要轻易下结论。每个人都有自己的立场，你可以跟随自己的节奏，做自己思想的主人。

★不能随便让步。

你在做有些事情时要讲究原则，比如不能贪心、遵守秩序等，如果你觉得对方的言行违反了相应原则，那就要坚守自己的立场，即使面对诱惑（有人贿赂你或给你开其他条件），也不能妥协、让步，不要让自己的原则与立场变得廉价。

亲子互动：写一写其他有助于社交的妙招，找机会尝试一下

借东西时，我心中有数

社交小剧场

晓雯很喜欢自己新买的一支漂亮的签字笔，但是3天前这支签字笔被同桌借走了，当时同桌本来说好第二天还给她，结果一直拖了3天。晓雯找同桌要签字笔，同桌说忘带了，想用尺子作为交换，可是晓雯不喜欢尺子，坚持要自己的签字笔。转天，晓雯又让同桌还签字笔，同桌说放在晓雯的课桌上了，然而晓雯找了好久都没有找到，但同桌坚持说还了。晓雯觉得很委屈。

父母的担心：这些都是类似的情况

△孩子的东西借出去就要不回来。
△孩子被同学变相勒索。

给父母：从社交心理学的角度分析

有些孩子借东西不还、喜欢抢夺他人的东西，这说明他们缺乏应有的"物权意识"。在幼年时期，孩子通常对"物权"没有清晰的概念，但随着长大，孩子需要明白"物权"的重要性。如果父母不注重培养孩子的"物权意识"，没有及时对孩子进行良好、正确的引导，那么他们的道德意识往往也会变得薄弱，他们可能会做出不良行为，比如偷窃，进而影响将来的发展。

给孩子：社交重在行动

★了解自己有哪些东西。

平时，你可以养成自己整理书包的习惯，将自己的东西清点一下，尽量不要带大量现金和自己珍爱的或贵重的东西去学校，以免丢失或损坏。

★明确送和借。

当有人跟你要东西时，你要表明自己的态度，明确告诉对方是送的还是借的。如果是送的，则不需要对方归还。如果是借的，则应确定对方借多长时间，请他在规定时间内归还，要是不放心，你可以让他写借条，其中要写清楚借的东西、归还日期等，写完后双方签字。

★当面归还东西。

最好让借东西的人把东西当面归还给你，这样可以避免丢失。如果对方说弄丢了，你可以要求对方道歉或赔偿，这是你的权利，你根据自己的感受去做即可，可以保持宽容，但是不要纵容。做人要有诚信，如果对方不讲诚信，总是有借无还，那么你就要引以为戒，以后拒绝借东西给他。如果遇到胡搅蛮缠的人，自己实在解决不了，你可以向大人寻求帮助。

★珍惜他人的东西。

如果你要向别人借东西，要先得到对方的允许，珍惜他人的东西，并按时归还。如果弄坏或弄丢他人的东西，要主动承认错误并赔偿。

亲子互动：写一写其他有助于社交的妙招，找机会尝试一下

赚钱不易，我会合理用钱

社交小剧场

过年的时候，小雷收到了1000多元压岁钱，他高兴极了，做的第一件事就是收集"高阶"卡牌——在校门口的文具店花200元买了一堆卡牌。在接下来的几天时间里，他和同学们吃吃喝喝、充值游戏等，花掉了很多钱，最后只剩下不到100元。年还没过完，1000多元钱就花没了，爸爸妈妈为此气愤不已，批评了他一顿，他却觉得很委屈："我自己的压岁钱，为什么不能自己做主！"

父母的担心：这些都是类似的情况

△孩子乱花钱，给家庭造成经济负担。
△孩子没钱花了，去偷窃。

给父母：从社交心理学的角度分析

在人际交往中，孩子会有很多用钱的地方。有些父母如果不知道如何跟孩子谈钱，那么可以从自身做起，为孩子树立良好的榜样，根据实际收入合理规划，既不当着孩子的面喊穷，也不为孩子营造生活富裕的假象，理智、知足地用钱，享受井井有条的生活，这样可以帮助孩子树立良好的金钱观。

当孩子长大一些后，父母可以让孩子自行支配一些零花钱，引导他认识钱、合理花钱，帮助他形成理财的观念。这样，孩子在未来更容易独立做出恰当的金钱决策，避免变得拜金或吝啬。

给孩子：社交重在行动

★认识钱，了解不同的支付方式。
....

你认为钱是什么？它有哪些价值？你可以和同伴、父母讨论一下这些问题，把对钱的认识记录下来，这样可以帮助你更好地认识钱。在生活中，除了现金支付外，还有很多支付方式，比如手机支付、银行卡支付等。你可以通过查阅资料或从他人口中了解不同的支付方式，学会识别哪些支付行为是合适的、哪些支付行为存在消费陷阱，避免上当受骗。

★建立自己的"小金库"。
....

你可以准备一个小容器，如饼干盒、储蓄罐等，将它们作为自己的"小金库"，让爸爸妈妈每月在固定时间将零花钱放入"小金库"中。当然，零花钱是固定的，你如果提前花完了，就要耐心等待下一次发放。

★做一个聪明的消费者。
....

钱是用来买有用的东西的，而不是用来乱花的。想买东西时，你可以列一份购物清单，思考一下哪些是必需品、哪些是可有可无的，不买购物清单上没有的，尽量把钱花在刀刃上。

买东西时，你可以货比三家，选择更实惠的那一家。当然，你还可以尝试砍价，这样既能锻炼口才，还可以省下一部分钱。

在涉及大额钱财交易的时候，你需要征求父母的意见，比如购买昂贵的物品、在线充值或打赏等，以免给家庭造成经济负担或掉入消费陷阱。

★做一些简单的理财规划。

....

会存钱和会花钱一样重要，你可以在父母的帮助下，去银行把暂时不用的钱存起来，以备不时之需。平时养成记账的习惯，定期复盘，分析钱的使用情况，尝试做一下消费预算，这可以帮助你提高理财能力。

★尝试自己挣钱。

....

你可以通过做家务、跑腿挣钱，也可以参加义卖活动、在跳蚤市场摆摊等，体会挣钱的不易。在生活中，遇到送礼物、因为自己的疏忽造成东西损坏或丢失等情况时，你应当用自己的零花钱来负担。如果自己的钱不够，你可以尝试用劳动换取，也可以向父母预支，这可以帮助你学会合理支配钱财，增强你的责任感。

> 亲子互动：写一写其他有助于社交的妙招，找机会尝试一下

....

....

....

....

....

参与家庭事务，我能帮父母分忧分责

社交小剧场

小葵今年10岁了，一直以来，爸妈只要求她好好学习，从来不让她操心家里的事。这一天，奶奶生病住院了，爸妈正在商量怎么照顾奶奶。小葵听到了，主动要求帮忙。爸爸却认为她年纪小，还要上学，拒绝了她的请求。小葵不满地说道："我也是家里的一分子，为什么不能帮忙？放学后和周末我都有时间，我可以照顾奶奶！"爸爸一时语塞，最终同意让小葵帮忙。有一次，爸妈都要加班，无法及时赶到医院，幸亏有小葵陪奶奶做检查，给奶奶买饭，陪奶奶吃药、输液，同病房的大人都夸小葵懂事，爸妈也对小葵的表现感到很欣慰。

父母的担心：这些都是类似的情况

△孩子只考虑自己，不体谅大人。
△孩子不懂得感恩，没有责任感。

给父母：从社交心理学的角度分析

有些父母认为孩子什么也不懂，没必要参与家庭事务。而事实恰恰相反，让孩子参与家庭事务，往往会对孩子将来成为一个什么样的人产生较大影响。通过参与家庭事务，孩子能学会承担责任、感恩、独立思考，拥有归属感，实现自我价值，等等。父母需要给孩子表现的机会，尊重孩子对家庭的爱，和孩子一同打造更有凝聚力和幸福感的家庭。

给孩子：社交重在行动

★关心家人。

....

虽然你还没有长大，思想没有大人成熟，家务活做得不太到位，有时候还需要大人帮忙，但你也是家庭的一员，可以从关心家人开始，为家庭出一份力。家人生病，你可以帮忙照顾；大人不在家，你可以帮忙照看弟弟和妹妹；爸妈辛苦劳累，你可以帮他们捶捶肩；等等。

★明确自己的家庭责任。

....

你可以和爸妈共同制作家庭责任表，明确自己在家中需要承担的工作，比如打扫自己的房间、整理书桌、洗碗、洗菜等，积极参与家庭管理。

★参与家庭会议。

....

在家庭会议中，你可以表达自己的意见，和家人一起讨论问题、制定家庭规则、策划家庭活动等，这可以增强你对家庭的责任感。

★了解家里正在发生的事情，并学会保密。

有时候你可能帮不上忙，但是你要知道家里正在发生的事情，比如家人生病、搬家、家里的经济状况等。当然，有些事情只限于家庭内部交流，你可以跟家人互相讨论，但是对外要保密。

亲子互动：写一写其他有助于社交的妙招，找机会尝试一下

坚守道德底线，我有基本的法律常识

社交小剧场

　　乔乔的家庭条件不错，但是他有一个不好的行为——爱拿别人的东西。爸爸妈妈早就发现了他的毛病，认为他只是年纪小，不懂事。可是到了六年级，他的这种行为越来越严重，已经从乱拿别人的东西发展为偷窃。有一次，学校外的文具店老板找上门来，说有学生偷走了店里的一盒笔，经过调查，发现是乔乔偷的，爸爸妈妈带着他又是道歉又是赔偿。事后，爸爸妈妈问他为什么偷东西，他说："我和同学打赌，看谁有本事从老板眼皮底下拿东西。我本来是要还回去的，只是忘了而已。"他甚至不认为自己的行为是偷窃。

父母的担心：这些都是类似的情况

　　△孩子法律意识淡薄，容易走上歧途。
　　△孩子存有侥幸心理，故意伤害他人。

给父母：从社交心理学的角度分析

　　如果说道德是人的行为规范、行为准则和价值观念，那么法律就是道德的底线，是维持秩序的根本。当今社会，未成年人犯罪的事件屡见不鲜，有些犯罪事件更是让人触目惊心。在孩子与人交往的过程中，父母需要有意识地给孩子普及一些法律常识，让他知道哪些事能做、哪些事不能做，触犯法律就要受到应有的惩罚，而受到侵害要懂得维护自己的合法权益。

给孩子：社交重在行动

★了解一些基本的法律常识。

你可以通过阅读相关书籍、观看法制节目、听法律讲座、参加法律科普活动等来了解一些基本的法律常识，比如阅读《中华人民共和国未成年人保护法》《中华人民共和国预防未成年人犯罪法》《中华人民共和国义务教育法》等，形成一定的法律观念。

★约束自己的行为，有些事情不要做。

作为未成年人，你要明白一点，打破底线是要付出代价的。无论是现在还是将来，你都要懂得有些事情不能做。

不参与任何暴力事件，例如打架。如果被人打了，你可以先告诉家长或老师，甚至可以报警。

不要偷窃，也不要做和偷窃沾边的事。没有经过他人同意就拿走东西，这种行为就是偷窃，小偷小摸也会构成犯罪。就算你没有偷窃，但你帮朋友放哨、分摊赃物、包庇偷窃者等，这也属于违法行为。

不给别人出坏点子。就算你没有亲自去干，只是帮忙出坏点子、指挥他人干，这种行为被视为教唆，同样也会构成犯罪。

不抽烟、不喝酒、不赌博、不吸毒、不涉黄、不高空抛物……珍爱自己和他人的生命。

★有些场所不要去。
....

营业性歌舞厅、酒吧、网吧等不适合未成年人进入，你要主动远离这些场所。若是遇到意外，要及时报警。

亲子互动：写一写其他有助于社交的妙招，找机会尝试一下

五花八门的网络世界，我不沉迷

社交小剧场

毛毛是一名四年级的学生，特别喜欢玩网络游戏。爸妈让他出去找朋友玩，他总说已经跟朋友在网上约好了；爸妈带他出去玩，他也是没一会儿就抱着手机玩起来。有一天，毛毛在玩网络游戏的时候看到一个广告弹窗，内容是一个免费下载网络游戏的链接，这款网络游戏正是他早就想玩的，他毫不犹豫地在计算机上下载并安装了这款网络游戏。令他没想到的是，这是一款携带病毒的盗版游戏，破坏了计算机上的防护系统。他还收到一封陌生的邮件，对方威胁他支付一笔赎金，否则就公开他的家庭信息，如果他敢报警，对方会狠狠地报复他。毛毛害怕极了，想跟爸妈说，又怕被责怪，好几天都心神不宁，也不玩网络游戏了。爸妈发现了他的异常，仔细询问后才知道出了事。后来，爸妈费了好大劲才解决了这件事，毛毛也从中吸取了教训，不再迷恋网络游戏了。

父母的担心：这些都是类似的情况

△孩子沉迷网络，不愿意去上学。
△孩子无法识别网络陷阱，上当受骗。

给父母：从社交心理学的角度分析

网络是一个五彩缤纷的世界，也是一把双刃剑，有的孩子利用网络开阔视野、丰富知识，有的孩子却因为网络沉迷游戏、荒废学业，甚至走上犯罪道路。父母需要明白，孩子的上网行为背后隐藏着一种心理需求。父母如何引导孩子正确上网呢？首先，父母要给孩子树立榜样，不要总是拿着手机玩，以免孩子效仿。其次，父母要做好监管与引导工作，关注孩子的上网情况，可以借助一些网络安全技术来监管，不要刻意压制孩子，以免适得其反。

对于孩子轻度的网瘾问题，父母需要找到他的心理需求，有针对性地解决。如果孩子的网瘾问题已经很严重了，父母就要及时寻求专业指导。

给孩子：社交重在行动

★正确认识网络的用途。

网络可以用来学习、工作、社交、娱乐、购物、缴费等，你在使用网络的时候，可以选择那些适合未成年人浏览的网站，还可以使用"青少年模式"，保障自己的安全。如果在上网时遇到不确定的事情，可以问问大人。

★合理制订上网计划。

你可以制订一份健康上网计划，规定好上网时长，明确需要做的事情，上网结束后可以总结一下学到了什么、有哪些体会等。这样不仅可以提高你的自我管理能力，还能让你学会合理使用网络。

★将网络与生活联系起来。

在网上看到新鲜有趣的信息、好玩的游戏时，你可以跟同伴交流讨论、一起适度玩耍，这样能促进人际交往。你还可以将从网上学到的知识应用到生活中，解决一些实际问题。

★学会识别网络陷阱。

网络存在一定的风险，你要学会识别网络陷阱。在网络上发言要文明，不听信谣言，不随意点击广告弹窗，不看暴力、淫秽视频，拒绝接收陌生文件。如果涉及个人信息、家庭信息、转账、中奖等隐私或财产问题的处理，不要轻信网友，以免上当受骗。如果有网友约你线下见面，你可以拒绝，如果想见面，应请父母陪同，千万不要一个人去，以免落入坏人的陷阱。

亲子互动：写一写其他有助于社交的妙招，找机会尝试一下

第5章

结交朋友：

友谊有种种形式，
我选朋友有原则

寻找志同道合的伙伴，我发现了共同点

社交小剧场

子兰上四年级了，开学一周后，妈妈发现她总是闷闷不乐的，问她发生了什么事情，她说："小乐不跟我玩了。"小乐是子兰唯一的好朋友，小乐在假期学了跳舞，总是跟子兰说一些跳舞的事情，还要教她跳舞，但是她对此不感兴趣，小乐察觉后慢慢也不找她玩了。妈妈建议子兰多交一些朋友，可以从共同兴趣入手。后来，她果然找到了一些志同道合的伙伴，逐渐走出了失去好朋友的阴影。

父母的担心：这些都是类似的情况

△孩子交不到合适的朋友。
△孩子和其他小朋友玩不到一起。

给父母：从社交心理学的角度分析

在孩子的成长过程中，志同道合的伙伴是一种宝贵的财富。起初，孩子交朋友的标准可能很简单，比如因为是同桌、住得近、爱分享等，随着年龄增长，孩子交朋友的标准也变高，孩子会考虑朋友是否值得信任，更注重亲密感，希望和朋友有共同爱好，等等。当孩子出现交友困惑的时候，父母可以适当提供一些建议，给孩子选择的权利。

给孩子：社交重在行动

★记住他人的名字。

了解彼此的第一步是记住他人的名字。当你记住对方叫什么，并能准确地称呼他时，表明你对这个人感兴趣，你们或许能够成为朋友。

★建立深入的联系。

你需要投入时间和精力来了解一个人，大方地展示自己的才华与价值。通过分享生活、共同合作、定期聚会等，你可以更好地发掘共同点，与朋友一起成长。

★与有相同兴趣的人交流。

你可以参加喜欢的兴趣班、社团，或者一些感兴趣的活动，与有相同兴趣的人一起交流，这样你会更容易找到一些志同道合的朋友。

★和不同类型的人交往。

在交朋友的过程中，你可以尝试和不同类型的人交往，不用局限于拥有共同的爱好方面，保持开放和积极的态度。然后，你会发现，虽然有些人与你年龄不同、性格相反，在不同的国家，但是你们的价值观相仿、经历相似、习惯相同……这会帮助你扩大视野，发现更多潜在的朋友。

亲子互动：写一写其他有助于社交的妙招，找机会尝试一下

保持善良有前提，我要保护自己

社交小剧场

　　念念是一个乖巧善良的男孩，爸妈从小就教育他要助人为乐，所以他对任何人都很友好。班里有几个男生觉得念念是个虚伪的"老好人"，打算捉弄他一番。一天放学后，这几个男生出现在念念回家的必经之路上，这里有一片泥塘，一个男生假装不小心摔倒，当念念过去扶他时，这个男生用力一拽，将念念拽进了泥塘。看到念念全身脏兮兮地爬出来，那几个男生哄笑道："真是个大傻瓜，让你一天到晚装好人，活该被骗！"念念虽然气恼，但是没有找他们理论。之后，那几个男生总是捉弄念念，因为念念从来不反抗。

父母的担心：这些都是类似的情况

　　△孩子太老实，总被人当"软柿子"捏。
　　△孩子太善良，容易被坏人利用。

给父母：从社交心理学的角度分析

　　常言道，善良是一种美德。但是在复杂多变的社会中，我们不能让孩子一味地保持善良，必须让孩子明白，保持善良的前提是要学会保护自己，善良必须带点锋芒。尤其是性格温和的孩子，往往会成为被"拿捏"的对象，父母虽然很难改变孩子的性格，但是可以教他一些方法来保护自己。

给孩子：社交重在行动

★一定要表明自己的态度。

在第一次被欺负时，你就要表明自己的态度，可以生气、拒绝，即使力量有限，也要表达自己的不满，哪怕是哭着反抗，也要让对方知道你不是一个容易欺负的人。有必要的话，一定要告诉老师、家长，向他们寻求帮助。

★有时候不必对比自己强大的人保持善良。

如果有成年人向你求助，那么你要提高警惕，比如，一位阿姨找不到某个地方，请你给她带路。你可以告诉她怎么走，或者让她找别人帮忙，但是不要给她带路。

如果一个成年人真的需要帮助，他通常会找另一个成年人，而不会找比他弱小的孩子。

★防人之心不可无。

如果某个群体中的一个人向你寻求帮助，而你不确定这是不是恶作剧，那么你可以不理睬。因为他但凡真的需要帮助，会优先考虑找自己身边的同伴帮忙，而不是找不熟悉的你帮忙。

★避免独自进入封闭的空间。

如果有陌生人找你帮忙，你可以建议他报警，让警察来帮他，或者找附近的大人帮忙。不要独自跟着对方走，尤其是不要独自进入汽车、房间等封闭的空间，以防掉入坏人的陷阱。一旦感觉情况不妙，一定要想办法尽快脱身，尽可能去人多的地方，然后报警。

亲子互动：写一写其他有助于社交的妙招，找机会尝试一下

协同合作，我不排斥集体活动

社交小剧场

小莫性格内向，读三年级了，没有什么朋友。为了让他交到朋友，爸爸专门组织了同班的另外两个家庭一起去露营，可是小莫大部分时间都自己玩，其他两位同学主动邀请他，他也不跟他们一起玩。吃饭的时候，他不愿意跟大家一起吃，爸爸批评他："你怎么没有一点集体意识呢？吃饭都要单独行动！"场面一度很尴尬。据老师反映，小莫在学校也不爱参加集体活动，有一次学校组织拔河比赛，小莫身强力壮，但无论老师怎么动员，他都不参加。小莫对参加小组活动也不积极。做实验时，老师给他分配了同伴，他却自己做自己的，对同伴不理不睬。

父母的担心：这些都是类似的情况

△孩子我行我素，不遵守团队秩序。
△孩子不合群。

给父母：从社交心理学的角度分析

一个人的能力是有限的，在许多场合中，人们要与他人合作来达成共同的目标。在学校，没有集体意识的孩子很容易被孤立。

因此，父母应该从小培养孩子的团队协作精神。父母可以从家庭入手，让孩子参与家庭事务，进而鼓励孩子参与一些有益的集体活动，比如社区服务活动、运动会等，让孩子切身感受参与集体活动的乐趣。这不仅能帮助他更好地适应校园生活，更有助于他在未来很好地融入社会。

给孩子：社交重在行动

★了解共同目标。

集体通常会有一个共同目标，大家向着这个目标一起努力，才有可能完成集体任务。在集体中，你首先要了解集体的共同目标，然后以此为方向贡献自己的力量。

★积极合作并接受分配的任务。

在集体中，你可以跟同伴分享自己的想法和意见，尽可能发挥自己的才能，就算没有被分配到心仪的任务，也要学会接受。因为任务分配的意义不是引发争夺，而是促进合作。

★遵守集体规则。

一般来说，个人主义在集体中是行不通的。你需要遵守集体规则，比如按时完成自己的任务，不擅自离队独自行动，等等。你要和其他团队成员互相配合，保证集体活动井然有序。

★尊重、认可团队成员。

每个人在集体中都有自己的角色和贡献，团队成员之间要互相信任、互相激励，认识到各自的价值，这样可以激发团队的热情，有助于达成共同目标。而且，你还可以感受到集体的温暖，实现自我成长。

亲子互动：写一写其他有助于社交的妙招，找机会尝试一下

在不同的群体中，我有不同的身份

社交小剧场

浩浩上一年级了，刚入学的时候很不适应，总是哭。入学3个月后，浩浩的情绪刚稳定一些，妈妈生了二胎，家人的关注点大部分都在小妹妹身上，浩浩又陷入了新的混乱中。在学校，浩浩对学习和参与校园活动的积极性不高；在家里，他对妹妹的到来感到不安，容易发脾气。一直到二年级，浩浩才勉强适应了学校的生活，但是他变得越来越内向，不愿意跟人交流。为此，爸妈也很烦恼。

父母的担心：这些都是类似的情况

△孩子不会转换角色，到了学校状况百出。
△孩子难以接受弟弟妹妹的出现。

给父母：从社交心理学的角度分析

在社会或某个群体中，人往往会被赋予某个角色，承担某些责任，发挥某些作用。简单来说，人扮演什么样的角色，就需要做什么样的事。孩子如果没有角色意识，很容易出现不合群、不遵守秩序、无法适应新环境等状况。因此，父母需要从小培养孩子的角色意识，指导孩子学会转换角色，这可以提高孩子的应变能力。而且在经历了不同的角色之后，孩子会拥有更灵活的思维，会对家庭和其他社会群体表现出更强的责任感，这会帮助他在今后的成长中更好地融入社会。

给孩子：社交重在行动

★认识不同的角色。

你的角色定义了你是谁、你在什么样的集体中、你与他人是什么关系、你有什么价值等。比如，在家庭中，你是子女或者兄弟姐妹，可以照顾家人；在学校，你是学生，主要负责学习；在同伴中，你是朋友，和同伴互帮互助、共同成长。社会中也有很多不同的角色，警察、医生、老师……他们分别在不同的群体中肩负着不同的使命。认识不同的角色，可以帮助你树立角色意识，更好地融入集体。

★在生活中增强角色意识。

仔细观察生活中的不同群体，了解各种角色的行为规范，比如在面包店中，烘焙师负责制作面包，营业员负责售卖，顾客排队付款。你还可以和同伴一起玩角色扮演的游戏，比如"老师和学生的一天"。这会帮助你更好地理解角色，认识角色要承担的责任、要遵守的行为规范等。

★学会转换角色。

一个人通常会有好几种角色，你在进入不同的群体中时需要学会转换角色。当你觉得难以适应一个群体时，想一想自己是否转换了角色，比如从家来到学校，你的角色由子女或兄弟姐妹转换为学生，你需要遵守课堂纪律，完成当天的学业。转换角色可以帮助你更好地融入不同的群体。

亲子互动：写一写其他有助于社交的妙招，找机会尝试一下

说话算话，我有契约精神

社交小剧场

　　竹子和妈妈约定好，只玩半小时手机，可是时间到了她却耍赖，非要再玩半小时，否则就不写作业。妈妈很生气，又不想跟她争论，就由着她，结果她晚上作业写到了11点多。竹子和朋友约好周末下午3点去公园玩，妈妈提醒她早点出门别迟到，她嘴上说"知道了"，却仍旧磨磨蹭蹭，结果让朋友等了一个小时。课堂上，老师要求分小组做手工作业，竹子负责制作飞机翅膀，刚摆弄了一会儿就放弃了，结果他们小组因为没有完成任务被扣分。竹子总是说话不算话，爸妈拿她没办法，同学们都对她有意见，她却觉得这不算事。

父母的担心：这些都是类似的情况

　　△孩子做不到答应别人的事。
　　△孩子出尔反尔，失去他人的信任。
　　△孩子表面答应做某件事，实际却不行动。

给父母：从社交心理学的角度分析

　　说话算话不仅代表一个人的诚信，还体现出一个人的行动力和责任心。在人际交往中，言出必行的孩子更容易获得同伴的信任与尊重。在日常生活中，父母首先要言行一致，给孩子树立良好的榜样，并及时纠正孩子的不良态度与行为，让他明白诚信的重要性。

给孩子：社交重在行动

★承诺之前先思考一下。

承诺别人之前，先想一想要做的事情是否合理，自己能不能做到。如果事情合理，但自己能力有限，你要跟对方说明白，不要随便承诺。如果是不合理的事情，你就不应承诺。要重视承诺，答应了就要去做，遵守约定的时间，不要吹牛、撒谎。若是没做到或延误了，要诚心道歉。

★设置醒目的提醒。

为了避免遗忘承诺，你可以用记事本做记录、在醒目的地方贴上便条、设置闹钟等，时刻提醒自己。

★让承诺有仪式感。

在与他人协商好后，你可以和对方拉钩，也可以签字、按手印，让承诺有仪式感。你们还可以设定奖惩制度，做到了有奖励，没做到就要接受一定的惩罚。这样郑重其事地约定，能在潜移默化中激发你的责任感，增加履行承诺的概率。

亲子互动：写一写其他有助于社交的妙招，找机会尝试一下

待人真诚，我有自己的尺度

社交小剧场

悦悦和小司是同桌，也是好朋友，住在同一个宿舍，两人经常在一起玩耍、学习。悦悦的家庭条件不错，她经常带一些好吃的来学校，并与小司分享，平时遇到有趣的小玩意儿，也会想着给小司带一份。时间久了，小司习以为常，就会擅自拿悦悦的东西。比如，看到悦悦新买了衣服，小司问也不问就直接穿走。有时候悦悦会觉得不高兴，但也不跟小司计较。有一次，快考试了，小司跟悦悦借笔记本，将笔记本拿回家复习后忘了带到学校。她对悦悦撒谎说："你的笔记不知道被谁拿走了，你看看怎么办。"悦悦一听，勃然大怒："你把我的笔记本搞丢了，却让我想办法，还说得这么理直气壮，你怎么这样呢？"两人大吵一架，不欢而散。这件事发生之后，悦悦对小司就没有以前那么好了。

父母的担心：这些都是类似的情况

△孩子对人太好，总是吃亏。

△孩子太容易相信别人，被欺骗。

给父母：从社交心理学的角度分析

在生活中，我们有时会遇到这样一类孩子，他们天真无邪，认为世界像童话故事一般美好，每个人都是善良的。他们过于相信他人，和同龄人比起来，他们似乎有些"冒傻气"，经不起现实打击。尽管我们鼓励孩子待人真诚，但是需要注意，孩子过度天真会对其人际交往产生一些负面影响。父母需要让孩子多长见识，让他多接触不同的人和事，积累一些生活经验，更好地认识到世界的多样性和复杂性。

给孩子：社交重在行动

★明白待人真诚是有条件的。

在现实生活中，待人真诚是有条件的。对待家人、朋友等亲密的人，你可以真诚相处。但是对陌生人、不太熟悉的人，你要学会"伪装"。不要随便透露自己的个人信息、家庭信息，不要轻易相信对方的甜言蜜语，要保护好自己，避免被坏人利用。

★了解是双向的，请慢慢敞开心扉。

和朋友相处需要敞开心扉，这样才能建立信任关系，但不要急于求成。有时候，你需要经过一段时间才能判断对方是否是真心和你交往的，所以不要在第一次见面时就掏心掏肺。你可以先聊一些无关紧要的事情，比如天气、食物等，当你们彼此熟悉了一些，你对对方也有好感时，你们可以聊一些深入的话题，比如爱好。这可以让你们慢慢增进对彼此的了解。

★面对朋友的欺骗，重新考虑这段关系。

当朋友欺骗你时，你会不高兴，如果再和朋友争吵，你会感到更糟糕。既然事情已经发生了，那么没必要再和对方争吵，你给他沟通、解释的机会，这样有助于你重新考虑这段关系，从中汲取教训。

亲子互动：写一写其他有助于社交的妙招，找机会尝试一下

互帮互助，我与朋友
能成为彼此的依靠

社交小剧场

　　多多和苗苗是同班同学，两人虽然住在同一个小区，但平时没有太多的交集。有一次，两人被分配到一组。打扫卫生，苗苗不小心摔了一跤，磕破了腿，多多立刻扶他去医务室，还叫来了老师。多多平时话不多，但是在这个过程中，他一直安慰苗苗。在接下来的几天里，多多还主动帮苗苗打水，放学后扶他出校门。就这样，两人慢慢成了朋友。期末的时候，体育课要测跳远，多多不擅长运动，很着急，苗苗就给他当教练，课间或放学后一有空就陪他练，还牺牲了自己打球的时间。后来，多多顺利通过了跳远测试，虽然刚刚及格，远不及排在第一名的苗苗，但是他非常开心，苗苗也为他感到高兴。两人的友谊更深厚了。

父母的担心：这些都是类似的情况

　　△孩子过于依赖朋友，成为朋友的负担。
　　△孩子过于"无私"，在友谊中太卑微。

给父母：从社交心理学的角度分析

　　一段良好的友谊，应该是双方共同维系的。当孩子进入小学，尤其是在高年级的时候，他的交友模式会逐渐进入亲密的共享阶段。这一时期，孩子之间的友谊相对稳定，孩子与他的朋友愿意为彼此做很多事情。父母可以从旁观者的角度关注孩子的交友情况，不要过多干涉孩子的交友，当孩子向父母求助的时候，父母再给予孩子适当的引导。

给孩子：社交重在行动

★互相关心，共同进步。

朋友之间最好的状态之一就是你们互相关心对方。你可以跟朋友分享一些物品，还可以分享生活中的快乐、经验、知识等。倾听彼此的感受，体会彼此的关心，会让你们的友谊更深厚，有助于你们共同进步。

★解决问题，共渡难关。

遇到问题的时候，你可以和朋友互相帮助，一起想办法解决，彼此鼓励和支持，而不是互相抱怨。共渡难关可以增强你们对彼此的信任，让友谊更牢固。

★在力所能及的范围内帮忙。

帮助朋友要讲究策略，考虑自己的能力。你可以在力所能及的范围内提供实质性的帮助，如果觉得自己做不到，那可以提供精神上的支持。不要轻易答应帮忙，以免帮不到什么忙，让自己失信于朋友，还有可能让自己也陷入困境。比如，朋友掉进河中，你不要冲动地跳入河中救人，尤其是在自己不会游泳的情况下，你可以大声呼喊，让周围的大人来帮忙。你应该明白，帮助他人是好事，但不能做无谓的牺牲，莽撞不是帮忙，也不是勇敢。

亲子互动：写一写其他有助于社交的妙招，找机会尝试一下

了解他人的感受，我有同理心

社交小剧场

大伟的爸妈经营着一家面馆，他每天忙完学习，就会来店里帮忙，点餐、结账、上菜、收拾桌面……样样熟练，别人问他是否觉得辛苦，他说这不算什么，再累也没有爸妈累。邻居李爷爷独居，他有空了就会陪李爷爷聊天、下棋。发现朋友情绪低落，他会耐心倾听朋友诉说烦恼。在看到老师拿太多东西时，他会主动帮忙。有一次，他从电视上看到大山里的孩子上学困难，就把自己的零花钱攒下来，捐给希望工程。大家都很喜欢大伟，夸他是"暖男"。

父母的担心：这些都是类似的情况

△孩子自私冷漠。
△孩子变得冷酷无情，出现暴力行为。

给父母：从社交心理学的角度分析

在人际交往中，同理心是孩子必不可少的核心能力之一，但它存在很大的个体差异，父母需要根据孩子的具体特点来培养他的同理心。对于共情能力比较差的孩子，父母可以言传身教，给孩子创造一些助人的机会，从而与孩子建立积极的可共情的亲子关系；对于共情能力比较强的孩子，父母可以给予适当鼓励、引导。需要注意的是，同理心不是同情心。简单来说，同情心是一种心理状态，而同理心则是一种更深层次的表现，不仅停留在精神层面，有时还会表现在实践层面，父母在指导孩子的时候要注意区分二者。

给孩子：社交重在行动

★了解他人的感受。

倾听他人的想法，站在他人的角度思考问题，将心比心、换位思考，不要强迫他人，这样可以帮助你更好地了解他人的感受。当然，如果对方只顾自己的感受，而不考虑你的感受，那么你不需要太在意对方。你可以根据对方的表情、言行等来判断对方的真实意图，避免因为过度照顾对方的情绪而让自己受到伤害。

★多观察生活。

比如，多观察每天很早就在工作的环卫工人，下雨天还在指挥交通的交警，疫情期间冲在第一线的医护人员，遭遇重大事故但依旧坚强生活的人，等等。通过这种观察，你会明白他人的处境，了解不同群体的生活，从而学会理解他人的感受。

★用行动去帮助他人。

要与他人共情，有时候不仅仅是把对方的苦难看在眼里，给他安慰，你还可以尝试想办法帮助对方，尽可能让对方好起来，比如拜访独居老人、为贫困儿童捐赠物品等。提供帮助时，你要考虑自己的能力，不要盲目慷慨。

★欣赏文学艺术作品，走进大自然。
....

你可以阅读一些文学作品，欣赏绘画、音乐、舞蹈等不同形式的艺术，走进大自然，这些都有助于增强你的同理心。

亲子互动：写一写其他有助于社交的妙招，找机会尝试一下

听取建议，我不独断专行

社交小剧场

萧萧是一个思维活跃、能言善辩的孩子，无论做什么事，他总有自己的理由。班里排练体操，大家本来商量好了队形，但他非要按自己的想法来，结果把排练搅得一团糟。老师让他当小组长，组织同学们讨论问题，但别人说什么他都反对，非要组员按照他的想法去做。朋友们一起商量周末去哪儿玩，他滔滔不绝地说了一大堆，还总是打断别人的发言。班里要竞选班长，萧萧信心十足，觉得自己肯定没问题，结果根本没人选他。他很不服气，认为大家排挤他，却不知道主要问题出在自己身上。

父母的担心：这些都是类似的情况

△孩子自作主张，固执己见。
△孩子骄傲自大，目中无人。
△孩子喜欢狡辩，不愿意听取他人的建议。

给父母：从社交心理学的角度分析

孩子的自主意识在不断发展，他对一些事情会逐渐形成自己的观点和想法。懂得灵活变通的孩子，一般具有良好的决策能力，善于听取别人的意见，在集体中更受欢迎。如果孩子总是一意孤行，无视他人的想法，容易养成爱狡辩、自作主张等不良思维习惯和处事方式，还可能会受到同伴的排斥。所以，父母要学会观察孩子的言行，了解他的想法，并给予恰当的指导，锻炼孩子沟通与合作的能力。

给孩子：社交重在行动

★尊重他人的意见。

在集体中讨论时，大家可以轮流发言，你要耐心听他人把话说完。如果不赞成他人的建议，你可以发表你自己的观点，说话的时候声音不要太高亢，以免让别人觉得你咄咄逼人。

★共同做决定。

你如果是集体的领导者，就要广泛听取他人的意见，不要强迫他人按照自己的想法去做，避免独断专行。作为集体的一分子，你要学会适当妥协，服从集体的共同决策。

★试一试"夸奖+建议+夸奖"的方法。

在生活中，不要随意给别人提建议，除非对方主动找你咨询，真的想要寻求你的建议。提建议时，你可以这样说：①"我觉得你这个想法有点意思"；②"如果这里稍微调整一下，像这样……我觉得会更好"；③"这样做的好处是……，你觉得呢？"。这种提建议的方法比较容易让他人接受。

亲子互动：写一写其他有助于社交的妙招，找机会尝试一下

擦亮双眼，我能分辨好朋友、坏朋友

社交小剧场

在五年级的时候，小越转学了。刚到新班级，他孤独地过了一个星期，这天，班里一位十分活跃的男同学主动找他说话，于是两人成了朋友。相处了一段时间后，小越发现自己的这位朋友真是了不起，没人敢惹，而且他还认识初中的学长，甚至在别的学校都有朋友。小越跟着这位朋友体验到了很多以前没体验过的"刺激"：跟老师撒谎说身体不舒服，逃课出去玩；去网吧打游戏；替"哥们"出头，找人打架；等等。渐渐地，小越的成绩越来越差，他染上了抽烟的恶习，不服家长管教，后来在一次斗殴中被人打断了一条腿，落下了残疾。

父母的担心：这些都是类似的情况

△孩子被朋友带坏，走上歧途。
△孩子总是被朋友使唤、利用。

给父母：从社交心理学的角度分析

我们常说，要尊重孩子的自由与意愿，让他自主择友。然而现实是，很多父母会担心孩子的交友情况，怕他遇到坏朋友。这个时候，父母需要尊重孩子的交友自由，可以用旁观者的身份去关注，发现问题的时候给予孩子适当的引导，这样可以避免孩子出现逆反心理，而且可以提高他的自主分辨能力，这比父母强硬干涉要更有效果。

给孩子：社交重在行动

★学会区分好朋友、坏朋友。

好朋友会让你感觉幸福，帮助你成长。而坏朋友会消耗你，让你感觉很糟糕，甚至会将你带入歧途。所以，你要学会分辨好与坏，慎重择友。

好朋友	坏朋友
关系平等，礼尚往来。今天你带苹果，明天他带桃子。你送他一颗糖，他愿意跟你分一半	总是要求你、命令你，只享受、不付出
彼此信任，对彼此的隐私保密。互相保护。有一方被人欺负，另一方会站在他身边	"大嘴巴"，到处说你的事情，还会背后说你的坏话
彼此尊重，互相欣赏	用你的短处衬托他的优点
互相关爱，会安慰、鼓励、支持彼此，关心彼此的状况	只顾他自己，不顾你的感受
遇到困难一起想办法解决。互相分享有趣的知识、生活经验等，共同进步	教你学坏，逼你做不喜欢的事，还指使你干坏事
互帮互助	遇到麻烦时，丢下你不管，甚至落井下石
为彼此喝彩，你好、我好、大家好	嫉妒，爱攀比，势利眼，见不得你比他好

★有些人难相处，没必要委曲求全。

没必要跟每个人都成为朋友，遇到三观不合、难以相处的人，你可以选择离开。

亲子互动：写一写其他有助于社交的妙招，找机会尝试一下

合理付出与分享，我的"好人卡"可不是随便给的

社交小剧场

假期，小叶家来了好多亲戚。晚饭后，大人们在聊天，孩子们在一起玩耍。突然，小叶和表弟争吵了起来，原来是因为表弟看上了小叶的卡册，想要带回家，小叶不愿意给他。外婆对小叶说："你是哥哥，让着弟弟一些，而且你都四年级了，不要再玩这种幼稚的玩具了。"妈妈知道这本卡册是小叶特别珍爱的东西，他攒了好久才集满厚厚一本，而且表弟以前就没少拿小叶的玩具。这次，妈妈决定不再退让了，她淡淡地说道："想要也行，给500块吧！"小姨很尴尬，赶忙让表弟向小叶道歉。尽管表弟一直闹，但是他最终也没有得到那本卡册。

父母的担心：这些都是类似的情况

△在社交中，孩子不敢争取自己的权利。
△孩子总是隐忍，被迫承受不良情绪。
△孩子太慷慨，什么都往外送。

给父母：从社交心理学的角度分析

在儿童社交中，存在着一种类似于抢别人东西的强迫分享行

为，比如故事中提到的"奶奶"的行为。有些父母会要求孩子"谦
让""大方"一些，但对于孩子来说，这种强迫分享行为是具有攻
击性的：一方面，孩子的物品所有权被侵犯了，另一方面，孩子
的自尊被践踏了。如果孩子总是被这样对待，在今后遇到人际冲突
时，他很容易失去反击的能力和勇气。所以，父母要注意自己的教
育方式，不要强迫孩子分享，而是要引导孩子学会合理付出。

给孩子：社交重在行动

★正确认识付出与分享。

付出与分享应该是快乐的事情，是以自愿为前提的。付出与分
享的内容可以是物品、时间、知识、情感等，无论是什么，没有人
愿意一直付出、分享而不求回报。所以，如果在一段友情中，你总
是"给"的一方，那么这段关系很容易出问题。

★谨防"友情脑"。

....

想一想，你有没有过度迎合朋友？比如，你不想这样做，但你的朋友喜欢这样做，你为了讨好他而放弃遵从自己的真实感受。你要警惕这种行为，因为经常这样做的话，你可能会失去自我，迷失在虚假的友情中。

★拒绝强迫分享。

....

如果你的朋友强迫你分享，比如，你不想把自己的新画笔借给对方用，他却说："如果你不让我用，我就不理你了。"那么他可能并不是你真正的朋友，你要勇敢拒绝他的要求，重新考虑要不要继续跟他做朋友。

★分享有边界。

....

不要轻易分享自己的个人信息和财物，比如个人隐私、贵重的东西、自己珍视的物品等。

亲子互动：写一写其他有助于社交的妙招，找机会尝试一下

感受他人的光芒，我尊重他人的独特之处

社交小剧场

晨晨平日里不善言谈，学习成绩一般，是一个默默无闻的学生。运动会上，晨晨突然倒地抽搐，同学们都吓得尖叫起来，并纷纷躲避。原来，晨晨天生患有癫痫，他的父母怕他受歧视，跟学校申请不公开这一情况。这件事之后，同学们都躲着晨晨，只有小艺例外，她虽然也被吓了一跳，但是在妈妈的帮助下，她认识到癫痫只是一种特殊的疾病，没有传染性，患者也不会伤害到别人，只不过对晨晨自己来说很危险。她在班会上表达了自己的观点，并表示如果晨晨需要帮助，她愿意帮忙。小艺发现晨晨字写得很漂亮，就推荐他参加学校的书法比赛，晨晨也凭借自己的实力为班级赢得了荣誉。后来，同学们对晨晨的看法也慢慢发生了转变，不再躲着他了。

父母的担心：这些都是类似的情况

△孩子歧视身体有缺陷的人。
△孩子嘲讽他人的"特点"。

给父母：从社交心理学的角度分析

人生而不同，所有人都有差异性。父母需要给孩子树立榜样，帮助孩子学会理解和尊重他人的个性和文化差异，提升孩子的包容性，这样有助于孩子与他人建立和谐的人际关系，而且能够让孩子

在未来的生活中更好地融入多元化的社会。

给孩子：社交重在行动

★认识并尊重他人与自己的差异。

世界上没有完全相同的两片叶子，仔细观察身边的人，你会发现他们有很多不同之处，比如长相不同、性格不同、能力不同、喜好不同、性别不同等。不要以貌取人，你应学会认识并尊重他人与自己的差异，将目光落在他人的闪光之处，从他人身上学习好的方面。有时候你可能无法理解他人的"特点"，但是没关系，表示尊重就可以了。

★参加多元化的活动。

你可以阅读各种类型的书籍，观看纪录片，或者参加其他多元化的活动，从而探索不同的文化和个性特点，这会帮助你更好地理解和欣赏其他人与自己的差异。

★避免歧视与产生偏见。

面对有缺陷的人，不要表现得太惊奇（有时候你可能会害怕），也不要模仿、嘲笑对方，可以通过查阅资料来了解其特别之处，有机会的话可以接触一下特殊群体，了解他们的不方便之处，并适当地提供一些帮助，比如扶盲人过马路、帮人推轮椅等，这有助于你形成良好的公民意识。

亲子互动：写一写其他有助于社交的妙招，找机会尝试一下

产生矛盾与冲突时，我会妥善处理不同意见

社交小剧场

　　米雪是班长，小茹是副班长，学校即将迎来60周年校庆，老师让两人共同负责排合唱队的队形。米雪提议让大家排成数字60的形状，以迎合校庆主题，但小茹表示反对，她说从台下往上看，根本看不出是什么形状，而且队伍很容易乱。米雪有些生气，觉得小茹就是嫌麻烦，老跟自己唱反调，并把这件事告诉了妈妈，妈妈建议她实际验证一下，看看情况是否像小茹说的那样。第二天，米雪先让大家在舞台上排好队形，然后她从台下往上看，果然看不出是什么队形，她知道自己错怪了小茹，于是主动跟小茹道歉。小茹表示米雪的想法很有创意，后来她们一起想办法，跟老师借来了木质台阶，有效地解决了从台下看时看不出队形的问题。

父母的担心：这些都是类似的情况

△孩子因为误会大打出手。
△孩子遇到问题不会解决，只会发脾气。

给父母：从社交心理学的角度分析

　　当孩子间发生矛盾与冲突时，有些父母担心自己的孩子吃亏，会选择为孩子"撑腰"。其实，对孩子来说，遇到矛盾与冲突未必

是坏事，这是他学习社交技巧的过程。在可控的范围内，父母不要急于干涉，应让孩子自己去思考，如果有必要，父母可以给孩子一些建议，让孩子学会独立解决问题。孩子长大的过程是他的修行，因此让他掌握解决问题的方法比替他解决问题更有助于他的成长。

给孩子：社交重在行动

★用实际行动验证结果。

与他人意见不合的时候，你可以从对方的角度重新看待问题，用实际行动验证结果，这会帮你找到更好的答案。

★通过协商找到一个双赢的办法。

在冲突中，并不是一个人必须赢，另一个人必须输的。你们可以通过协商找到一个双赢的办法。协商通常有以下几个步骤。

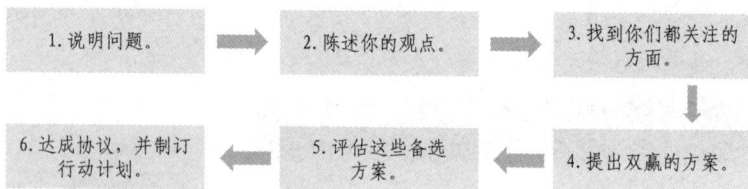

| 1.说明问题。 | → | 2.陈述你的观点。 | → | 3.找到你们都关注的方面。 |
| 6.达成协议，并制订行动计划。 | ← | 5.评估这些备选方案。 | ← | 4.提出双赢的方案。 |

★通过公平竞争解决问题。

在保证安全的前提下，你们可以通过公平竞争来化解矛盾，输的一方不能再对赢的一方有意见。

★选择合适的时间、场合来解决矛盾。

有些矛盾立刻就能得到解决，比如，你和妹妹想看不同的电视节目，你就必须当场解决这个矛盾。还有一些比较严重的矛盾，矛盾产生时你们的情绪都很激动，你们无法进行有逻辑的沟通，那么你们可以在冷静后选择合适的时间、场合来解决矛盾。比如，你和朋友在上学期间发生矛盾，你可以等到放学后约他去散步，顺便谈论这件事。需要注意的是，时间不要拖得太久。

★做一个好的调解者。

有时候，你可能会成为一个调解者，帮助同伴解决矛盾。需要注意的是，你本身没有参与这场冲突，而且不能偏袒任何一方。你可以约定一个会面的时间和地点，让他们轮流发表自己的意见。在这一过程中，你要保持冷静，照顾他们的愤怒情绪，不要评判或指责任何一方，当他们都陈述完后，你可以积极寻找一个双方都满意的解决方案。

★考虑一下哪个更重要。

当你和某人发生冲突时，最好问问自己："对我来说，是得到自己想要的东西更重要？还是和对方维持良好的关系更重要？"因为争论可能会影响你们的关系，往往会以伤害对方的感情而告终，如果你总是和人争论，那你很难有好朋友。如果你更重视维持一段良好的关系，那么你可能需要适当地让步，当然，怎么做都取决于你。

亲子互动：写一写其他有助于社交的妙招，找机会尝试一下

尊重他人，我做人做事有边界感

社交小剧场

图图是个"自来熟"，到哪里都不把自己当外人。爸爸要去王叔叔家办事，图图非要跟着去，大人忙着谈事，他一会儿插嘴，一会儿在房间里跑来跑去，还弄坏了一盆花的枝叶，搞得爸爸十分尴尬。妈妈带图图坐火车，他总是在车厢里乱跑，妈妈批评他，不让他离开座位，他就在座位上扭来扭去，还跟前后座的乘客说话，搅得别人不得安宁。妈妈为了让他闭嘴，就把手机给他玩，他嫌戴耳机难受，便外放声音，并把音量调得很大，惹得周围的乘客很不满。一路上，妈妈不停地跟人道歉。

父母的担心：这些都是类似的情况

△孩子"自来熟"，侵犯别人的边界。
△孩子在公共场合影响他人。

给父母：从社交心理学的角度分析

心理学中的边界意识，简单来说是指自我界限，主要强调个体的独立性，既包括身体、空间上的自主，也包括精神层面的自主。孩子如果没有边界意识，不仅会给别人带来麻烦，还会让自己失去安全的外在环境和内心的舒适状态，导致一系列冲突的发生。因此，父母需要培养孩子的边界意识，让他了解自己和他人之间的责任与权利范围，做到有底线、懂进退，既学会保护自己的空间不受侵犯，同时也不会逾矩、侵犯别人的空间。

给孩子：社交重在行动

★亲密的个人空间。

个人空间是一个人最为私密的空间，通常只有非常亲密的人可以接触，比如家人，你们可以有一些亲密的互动，自在地表达情感。如果你不是对对方而言很亲密的人，那么在没有得到允许的情况下，不要随便触碰对方的身体、乱拿对方的东西，也不要随便冲对方发脾气。同样，你也要保护好你的个人空间，不要让人随便触碰自己的身体，不要暴露自己的个人隐私，学会控制自己的情绪，保管好自己的物品。

★友好的熟人空间。

熟人空间中有你熟悉的好朋友、同学、老师、亲戚等，你们之间是比较友好的关系，在这个空间内，你们可能不需要太拘束，会彼此分享、帮助、包容等，但这种友好的关系是双向的，要求彼此共同维系。你需要注意的是，一旦涉及进入个人空间，要先得到他人允许，因为熟人空间与个人空间的边界是比较微妙的。

★得体的社交空间。

这个空间里大部分是不熟悉的人或者陌生人，你与这些人交往时，通常要注意应有的礼仪，不要随便探听他人的消息，要适当关注他人的感受，可以为他人提供一些力所能及的帮助，做好自己分内的事，避免"装熟"。

★有秩序的公共空间。

公共空间也是我们常说的公共场合。个体要有公民意识，自觉遵守公共秩序，例如，不大声喧哗、不乱扔垃圾、不插队买票、不在公共交通上玩闹、不随意打扰他人等。总而言之，管好自己，不凑热闹。

亲子互动：写一写其他有助于社交的妙招，找机会尝试一下

看清小团体的真面目，
我不喜欢拉帮结派

社交小剧场

展成是一名六年级学生，在学校他有自己的"兄弟团"。所谓"兄弟团"，是展成和班里几个男生组建的小团体，起初只有3个人，大家因为喜欢打篮球而聚到一起，后来，这个团体内又有其他人加入，包括别班的学生，队伍扩充到了10个人，大家觉得应该有一个集体名称，于是就起名为"兄弟团"。展成说话有威信，便被大家推举为"大哥"。自从"兄弟团"成立，展成一行人没少惹麻烦，他们经常会因为打篮球而集体迟到，有时候会在自习课上偷偷跑出去打篮球。有的同学觉得耽误学习，想退出"兄弟团"，结果遭到排挤。有一次更严重，他们在校外因为争场地而跟一伙中学生打架，被带进了警察局。对此，老师和家长既生气又无奈。

父母的担心：这些都是类似的情况

△孩子被排挤。
△孩子拉帮结派地做坏事。
△孩子陷入团体纷争。

给父母：从社交心理学的角度分析

对孩子而言，能交到一些亲密的朋友是好事，有心理学研究表明，孩子到了9岁以后容易出现"抱团"行为，这是孩子发展社会性的典型表现。我们一般提倡自然形成的朋友圈，而不鼓励拉帮结派，因为后者具有排外的特性，不利于孩子的社交发展。无论孩子是小团体的领导、成员，还是在小团体中的边缘角色，父母都要随时留意孩子的情况，帮助孩子认清小团体的性质，学会构建良好的社会关系，选择并融入良好的集体。

给孩子：社交重在行动

★正确看待小团体。
....

小团体的常见特征：人数比较多，有明确的"团规""帮规"，小团体成员有相似的穿着，甚至有相似的长相，经常集体行动，有鲜明的"阶级"，比如"孩子王"、小跟班等。

加入小团体可能获得：归属感、安全感。

加入小团体容易出现：沾染不好的社会风气，比如请客送礼、拉选票等；集体做出错误的行为，甚至走上犯罪道路。

你可以通过常见特征识别小团体，从多个方面了解它的性质，从而做出恰当的决策。

★自然形成的朋友圈往往胜过复杂的小团体。
....

有时候，你可能想加入一个小团体，在此之前，你应先观察、思考一下：你是否喜欢这个小团体里的人，他们是否也喜欢你，你的身边是否还有其他真正关心、善待你的朋友。如果你发现这个小团体里的人并不是很友善，那么你就没必要加入这个小团体。因为朋友并不是越多越好，只要你有真正的朋友，那么你在不在一个复杂的小团体里并不重要。和真正关心你的人自然而然地组成朋友圈，往往会让你感觉更轻松、更快乐。

★结交不同的朋友。
....

从长远来看，有一群不同类型的朋友，往往更有利于你的成长。你可以从他们那里学习不同的东西，和他们一起经历不同的事情。当然，如果你很想组建或者加入一个小团体，也不是不行，决策权在你自己手中，但请保证自己的安全，并避免伤害他人。

亲子互动：写一写其他有助于社交的妙招，找机会尝试一下

面对弱者，我不肆意欺负

社交小剧场

　　课间，几个同学恶作剧，趁阿普要坐下的时候，抽走了他的椅子。看到阿普摔了个屁股蹲儿，同学们哄堂大笑。阿普气恼地站起来，打算找恶作剧的人算账，可一看到是班上那几个"挑事王"，觉得自己打不过，就忍了下来。这时，他看到哄笑的人当中有小柯——班里一个比较老实的男生，就冲过去打了小柯一拳，恨恨地说道："有什么好笑的！让你笑！"小柯没有还手，赶紧道歉，但是阿普不理会，接连打了小柯好几拳，直到小柯哭了才罢手。放学后，阿普依旧气愤难平，在小区看到一只流浪猫，就向它丢石头，回到家还冲弟弟乱发脾气，结果被爸妈批评了一顿。

父母的担心：这些都是类似的情况

　　△孩子欺软怕硬。
　　△孩子拿小动物撒气。

给父母：从社交心理学的角度分析

　　在孩子的成长过程中，可能会出现"踢猫效应"。简单来说，就是孩子向比自己弱小的人或物泄愤。这是一种糟糕的行为，很容易让孩子养成欺负弱小的习惯，孩子就难以学会爱别人。父母需要及时纠正孩子的这种不良行为，让他明白欺负弱小不是本事，保护弱小才是强者该有的姿态，引导孩子学会合理使用自己的力量。

给孩子：社交重在行动

★认识自身的能量。

你觉得自己是强者还是弱者？其实，强弱是相对的，你可能在一些人面前很强，在另一些人面前就比较弱，我们应该对他人保持尊重，不能因为自己强就去欺负比自己弱的人。你要明白，强弱不是永恒的，你不能因一时的强大而欺负弱小。真正强大、有能力的人，懂得将自己的能量用在合适的地方，遇到不公，敢于保护自己、保护弱者。

★关爱弱势群体。

在生活中，有些人相对比较弱，例如儿童、老人、孕妇等。你应该学会尊老爱幼，在保证自己安全的情况下，为弱势群体提供一些力所能及的帮助，比如给孕妇让座、关爱年幼的弟弟和妹妹等。当然，同龄人当中也有一些能力比你弱的人，你要尊重他们，避免欺负弱小。

★爱护小动物，关注公益。

除了人，大自然中也有一些需要关爱的"弱者"，比如小动物、花草树木等。如果家中养着小宠物，你可以跟它成为家人、朋友。在外面，不要欺负流浪动物，在保证安全的情况下，可以为流浪动物提供一些帮助。你还可以参加公益活动，学习爱护植物、保护环境。你会发现，再强大的人和物，也有弱小的一面，大家应该和谐相处。

亲子互动：写一写其他有助于社交的妙招，找机会尝试一下

面对挑衅、霸凌，我能勇敢反击

📷 社交小剧场

五年级的时候，乐天转学到了新学校，刚到班级的第一天，他就"摊上事"了。课间，一个男生大摇大摆地来到乐天面前，对他说："喂，新来的，我是这个班的老大，以后我说什么你就要照做，知道吗？"乐天觉得有些莫名其妙，没有说话。后来，同桌告诉他，这个男生是班里的"小霸王"，轻易不要招惹他。到了下午，"小霸王"要求乐天给他跑腿买零食，乐天拒绝了，因为他刚来，不熟悉校园环境，而且对方还让他花钱，他觉得这不像话。"小霸王"很生气，一把掀翻了乐天的桌子，要打人。同学们吓得四散躲开，乐天却毫不畏惧，躲开了"小霸王"挥来的拳头，又躲过对方扔来的书本。"小霸王"有些急眼，怒吼着向乐天扑来，乐天一个弯腰闪身，对方就撞在了后面的桌角上，捂着肚子倒下了。这件事之后，"小霸王"再没有找过乐天的麻烦。

父母的担心：这些都是类似的情况

△来到新环境，孩子被不认识的同学"拿捏"。
△孩子无缘无故被找碴，遭到他人恶语相向，甚至遭到身体攻击。
△孩子的东西遭到他人恶意破坏，比如书本被扔，书包里被塞垃圾，等等。

给父母：从社交心理学的角度分析

校园霸凌一直是广受社会关注的话题，许多校园霸凌事件往往令人发指。孩子被霸凌的原因很复杂，父母要避免跟孩子说"怎么不欺负别人，就欺负你"这种话，而是应该给予孩子充分的关爱，及时与学校沟通，并采取一系列办法来帮助孩子学会防范霸凌。如果孩子遭遇严重的身心伤害，那么父母可能需要用法律来保护孩子，还可以考虑让孩子休学、转学等。

给孩子：社交重在行动

★不卑不亢，表明自己的态度。

面对挑衅时，抬头挺胸，保持冷静，明确表示自己不喜欢这样，不怕事。这样可以在气势上给对方一些震慑，让他不敢轻举妄动。如果对方可以沟通，那么你可以直接问他"为什么这样做"，找出问题、解决问题。如果对方毫不讲理，那你也不必配合。

★保护自己，正当防卫。

遭遇霸凌时，要大声呼救。被攻击时，你可以用身边的物品进行防卫、反击。反击的时候注意分寸，不要伤人。正当防卫是没有问题的，法律会保护你。如果对方行为恶劣，一定要及时告诉老师、家长，甚至可以报警。

★借助朋友的力量。

如果你感觉自己不够强大，尽可能与朋友待在一起，去人多的地方玩。如果遇到挑事的人，可以请朋友来帮你"撑场面"，有时候不需要动手，一群人站在那里就可以起到威慑作用。当然，请避免打群架。

★保持强健的体格。

平时多锻炼身体，强健的体格会让你看起来"不好惹"。

★对恶劣的言语不要过分在意。

有些人故意用恶言恶语来挑衅你，比如造谣，如果你过分在意他们的话，感觉心里很受伤，那么他们的目的就达成了。你可以尝试不理睬那些恶劣的言语，同时分析一下他们为什么会说那种话，这样有助于你看清楚问题的实质。有必要的话，你还可以采取法律手段维护自己的权益。

> **亲子互动：写一写其他有助于社交的妙招，找机会尝试一下**

令人不安的秘密，我不保守

社交小剧场

一天放学后，涵涵和好朋友美雪一起回家。在小区门口，美雪发现了一只钱包，里面有200多元钱。涵涵建议把钱包交给老师，但是美雪想要用这些钱买自己喜欢的玩具，她要求涵涵保守秘密，否则就再也不跟她玩了。一连好几天，涵涵因为这件事心神不宁，妈妈发现了她的异样，再三追问才得知实情。后来，妈妈联系了美雪的家长，对这件事情进行了妥善处理，涵涵这才放下了心里的"大石头"。

父母的担心：这些都是类似的情况

△孩子被坏朋友威胁，走上歧途。
△孩子被坏人伤害，不敢告诉家长。

给父母：从社交心理学的角度分析

心理学研究表明，孩子到了9岁左右，通常会开始定义"真正的朋友"，这有两个常见的标准，那就是存在亲密关系和可以分享秘密。大多数情况下，孩子分享的都是一些无伤大雅的秘密，不太具有危害性。但是父母需要提高警惕，并提醒孩子：有些秘密是绝对不能保守的！一旦察觉到孩子之间可能在分享不好的秘密，父母要直接问清楚，并及时采取应对措施。

给孩子：社交重在行动

★区分好秘密和坏秘密。

你可以保守好秘密，但绝对不能保守坏秘密。当有人要求你保守秘密时，先判断一下这个秘密是好是坏。如果是坏的，要坚定地拒绝，并及时告诉你信赖的人，比如父母。

好秘密通常是这样的：有"保质期"，在暂时被保守后，最终会被所有人知道。保守它会让你感到快乐、开心，比如保守生日惊喜。

坏秘密通常是这样的：你会被要求长久保守或者永远不能说出去，你会感到忧虑、困惑、害怕、痛苦等，有时候还会受到人身伤害。比如，有人触摸你的隐私部位，甚至侵犯你的身体；被同学霸凌、被老师体罚；发现朋友偷东西；看了不舒服的照片或视频；被人送不好的礼物，同时被要求保守秘密；等等。

★有效讲述坏秘密。

在讲述坏秘密时，你可以着重说明这几点。

①谁要求你保守这个秘密？　　②除了你，还有谁知道这个秘密？

③这个秘密对你造成了哪些影响？　　④你想要如何处理这个秘密？

亲子互动：写一写其他有助于社交的妙招，找机会尝试一下

第6章

个人魅力：

磁场效应各异，
我有自己的风格

外表不能忽视，我的形象整洁大方

社交小剧场

小薇从小就很在意自己的外表，觉得自己长得不好看，头发黄、眼睛小、嘴唇厚、长得胖。上二年级的时候，她因为近视戴上了眼镜，班里一个男生管她叫"四眼妹"，这让她很难过。慢慢地，她越来越讨厌自己的外表，讨厌照镜子，不敢穿好看的衣服，不愿意交朋友。就算有人拿她的外表开玩笑，她也默不作声。她心情不好就吃零食，上四年级的时候被确诊了肥胖症。

父母的担心：这些都是类似的情况

△孩子太注重外表。
△孩子邋里邋遢，被人嫌弃。
△孩子站没站相、坐没坐相。

给父母：从社交心理学的角度分析

在人际交往中，外表好比孩子的一张名片，可以反映出孩子的生活习惯等，虽然个人的品质和能力更加重要，但父母不能忽视外表在孩子初期交往中的重要作用。有些孩子会因为衣着不整、邋遢等受到排挤、欺负，而这种情况是可以有效避免的。当然，父母不必将孩子打扮得多么精致、高贵，在力所能及的条件下，让孩子拥有整洁大方的形象即可。此外，父母还需要引导孩子树立良好的形象观念。

给孩子：社交重在行动

★摆脱容貌焦虑，爱自己的身体。

美是多样化的，每个人都有自己独特的地方，世界上没有所谓的完美标准。有人喜欢大眼睛、双眼皮，也有人喜欢小眼睛、单眼皮。你可以观察一下身边的人，他们有不同的体型、肤色、发型等，从不同的角度看，你会发现他们各有各的美。身体是每个人的珍宝，接受并爱惜自己的身体是生存的基本，追求身体健康，不被关于美丑的偏见所束缚，那么长大后你也会有自己独特的美。

在谈论身体时，你可以说"强壮、灵活"，但要避免说"胖瘦、美丑"。最好不要评论他人的身体，尤其是不要评论残疾人的身体。

★讲究卫生。

养成良好的卫生习惯，比如起床后刷牙、洗脸，饭前便后洗手，睡觉前洗脚，定时洗头发、洗澡，定期剪指甲，头发梳理整齐，勤换洗衣物，不乱扔垃圾，不随地吐痰，不要冲他人咳嗽、打喷嚏，等等。无论在家还是在外面，都要注意讲究卫生。你可以随身携带手绢、纸巾、口罩等用品，以备不时之需。这样既可以保持健康，还会让你看起来干净整洁。

★着装打扮利落大方。

保持衣服干净整洁，能根据季节、场合穿合适的衣服。避免盲目追求名牌，衣服穿起来舒适，适合自己就好。你可以根据自己的特点挑选、搭配衣服，逐渐形成自己的穿衣风格。

★保持良好的体态。

站立、行走的时候抬头挺胸，避免弯腰驼背、总是低着头。尽量保持端正的坐姿，避免歪扭身体。保持良好的体态，不仅有利于身体发育，还会让你看起来精神抖擞。

亲子互动：写一写其他有助于社交的妙招，找机会尝试一下

喜欢阅读，我有丰富的内涵

社交小剧场

朵朵从小就喜欢看书，这离不开爸妈的陪读教育。从朵朵一岁开始，爸妈就坚持每天晚上睡前给她读故事，等她认字了，能够主动找书看了，爸妈也会每天抽出固定时间，陪她一起阅读，讨论书中的内容，分享各自的看法。在家里，朵朵有专属的书架，上面有各种类型的图书。上二年级的时候，朵朵的作文就写得非常好了，不仅没错字，而且逻辑通顺、词汇丰富，经常被当作范文在班里朗读，有时候甚至比三、四年级的学生写得都好。

父母的担心：这些都是类似的情况

△孩子语文综合能力差，影响学习。
△孩子不爱读书，知识匮乏，视野狭窄。

给父母：从社交心理学的角度分析

在信息时代，父母需要让孩子跟上时代发展的步伐，而阅读就是一种非常便捷的方式。通过阅读，孩子可以提高自己的知识层次和学习能力，增强语言表达能力，从而发展交际能力。在现有的条件下，父母可以为孩子创造便捷的阅读机会，比如陪孩子一起阅读、常带孩子去有书的地方等，不要强迫孩子阅读，避免将阅读变成任务，要用合适的方法帮孩子逐渐养成阅读的好习惯。

给孩子：社交重在行动

★把阅读变成一种习惯。

每天设置一个固定的阅读时间，这可以是具体的时间段，比如每天晚上八点半到九点，也可以是固定的时长，比如睡前阅读半小时、写完作业后阅读20分钟、周末空闲时阅读1小时等。阅读时尽量选择安静、舒适的环境，这样有助于你集中注意力。闲暇时你还可以利用阅读来打发时间呢！

★阅读各种类型的图书。

不同类型的图书会带给你不同的阅读体验，能够帮助你拓宽视野。这里有一些常见的图书类型，你可以作为参考。

科普读物
可以带你走进科学的世界，增加你的知识储备。

绘本和漫画书
可以激发你的好奇心，提高你的创造力、审美能力。

小说和传记
可以让你了解不同的人物故事，为你树立榜样，提高你的理解能力。

儿童文学作品
可以培养你的想象力，让你了解不同的文化和价值观。

艺术和社会文化类书籍
可以帮助你发掘兴趣爱好，了解世界上的多元文化。

★掌握良好的阅读方法。
....

阅读强调"精"，不用刻意追求"量"。你可以在不同时期、不同情境下重复阅读一本书，获得不同的感受。在阅读的时候，你可以尝试摘抄、写读书笔记等，这会帮助你积累语文知识。你还可以和同伴分享阅读体验，讨论书中的内容，这不仅可以提升阅读体验，还能增进你与他人的关系。

★将阅读融入生活。
....

你可以将在书中学到的知识应用到生活中，比如一些自然科学知识、运动技巧等，从而感受应用知识的乐趣。有时间的话，你可以去图书馆、书店或者参加读书会，感受不同的阅读氛围。另外，你还可以将阅读与多种形式结合起来，比如音频、视频、电子书等，体验自由阅读。

亲子互动：写一写其他有助于社交的妙招，找机会尝试一下

锻炼身体，我拥有强健的体魄

社交小剧场

阿聪从小体弱，经常生病，升入一年级时，还因为体格弱小被同学欺负。后来爸爸每天陪阿聪打羽毛球，他的身体素质逐渐变好了，之后他又学习了跆拳道。经过两年的训练，阿聪不仅身体变壮，而且学会了保护自己，性格也变得开朗，上四年级时，还被同学们选为体育委员。通过运动，阿聪还养成了良好的生活习惯，学习时也十分自律，很少让爸妈操心。

父母的担心：这些都是类似的情况

△孩子体格差，不能保护自己。
△孩子易生病，影响生活与学习。

给父母：从社交心理学的角度分析

体育锻炼不仅有助于孩子的身体发育，还能改善情绪，让孩子变得更加勇敢、乐观。此外，运动可以增加孩子的社交机会，提高孩子的团队合作能力。父母可以根据孩子的特点，鼓励他参加丰富多彩的体育活动，帮助他收获健康的身心。

给孩子：社交重在行动

★让运动变得规律。

让自己每天都有锻炼的机会。你可以和同伴一起玩游戏，或进行特定的体育锻炼，设置一个固定的时间段用于运动，比如每天运动30～60分钟。你还可以制订运动计划，安排好每天训练什么，每周要完成哪些训练，假期如何规划，等等。这样既锻炼了身体，还有助于你养成自律的好习惯。运动贵在坚持，不要轻易放弃。

★选择合适的运动。

每个人的身体素质不一样，你可以根据自己的特点选择合适的运动，从少量、轻度的运动开始，循序渐进，避免超负荷运动。你可以选择自己感兴趣的运动，如果没有特别的喜好，也可以尝试从简单的运动开始，比如跑步、跳绳等。如果你是为实现特别的目标而运动的，比如减脂、增重等，可以请大人帮忙制订专门的运动计划，以便做到精准锻炼。

★把运动与生活习惯结合起来。

在强化运动的同时，你还应该养成一些良好的生活习惯，比如良好的作息、饮食习惯等，保证充足的睡眠，避免挑食，摄入全面的营养。这样可以提升锻炼的效果，让你拥有良好的精神状态。

★注意运动安全。

运动时最好穿宽松、透气、吸汗的衣服和舒适的鞋子，可以根据运动需要佩戴相关护具，还可以根据天气情况选择防晒或保暖的衣物，避免在高温、雾霾、雨雪等恶劣的天气条件下运动。

选择合适的运动场所，比如运动场、体育馆、平坦的小广场等，不要在人来车往的道路上运动。

运动期间，别忘了喝水，可以采用少量多次的喝法。

亲子互动：写一写其他有助于社交的妙招，找机会尝试一下

幽默风趣，我有一个有趣的灵魂

社交小剧场

这天上学，卢卡发现好朋友小水闷闷不乐，便在课间问小水发生了什么事，小水郁闷地说："昨天晚上做作业，我又被爸爸揍了。"卢卡问："揍哪儿了？疼不疼？"小水愤愤地说："当然疼了！幸亏我跑得快，屁股只挨了一下。"看到好朋友垂头丧气，卢卡安慰道："你爸爸打你也是有好处的，你想，为了不挨打，你肯定会使劲跑，慢慢地，你的跑步速度就提升了，我想追上你可就难了。"听了这话，小水"扑哧"一下乐了，很快就把挨揍的事抛在了脑后，也不生爸爸的气了。

父母的担心：这些都是类似的情况

△孩子缺乏幽默感，总是冷场。
△孩子太严肃，让人产生距离感。

给父母：从社交心理学的角度分析

幽默感在孩子的人际交往中起着举足轻重的作用，能帮助孩子更好地应对生活和学习中的压力和痛苦。有幽默感的孩子往往比较乐观、自信，想象力丰富，让人感觉轻松、随和，更受他人欢迎。

当然，孩子有幽默感不是一蹴而就的，这需要父母不断培养。如果孩子的可塑性强，在父母有意识地指导下，孩子就有可能变成一个有趣的人。

给孩子：社交重在行动

★看一些轻松有趣的作品。

你可以看一些轻松有趣的故事、笑话、喜剧电影或其他节目等，从中提取一些比较诙谐的词汇或语句，积累幽默素材，培养自己的幽默感。

★练习讲笑话。

讲笑话是培养幽默感的有效途径之一，你可以从生活中收集一些适龄的笑话，练习并讲给同伴听，观察同伴的反应，这能帮助你学会制造笑点。

★玩语言游戏。

你可以和同伴一起玩有趣的语言游戏，比如成语接龙、脑筋急转弯、文字游戏等，练习幽默的语言技巧。

★观察生活，寻找幽默素材。

平时多跟轻松幽默的人交往，多观察生活，如果遇到好玩的事情，可以记录下来，分享给身边的人，这有助于提升你的幽默感。

★敢于自嘲。

自嘲是幽默感的一种表现形式，不仅可以调节尴尬、紧张的氛围，还能让自己显得更加随和、亲切。

★注意把握幽默的尺度。
....

幽默不是油腔滑调，也不是刻意嘲讽，你在使用具有幽默感的语言时，要注意礼貌，以不伤害他人为原则。如果用肢体语言表达幽默，要注意安全，避免做危险动作。此外，表达幽默的时候注意分场合，尽量避开严肃、正规的场合。

亲子互动：写一写其他有助于社交的妙招，找机会尝试一下

接待客人时，我是热情的小主人

社交小剧场

小寒平时很乖巧，但是家里一来客人就变得异常兴奋。这天，妈妈的好朋友张阿姨带着女儿来做客，妈妈让小寒帮忙招待妹妹，可是小寒不想跟妹妹玩，就拿出玩具让妹妹一个人玩。大人在客厅说话，小寒一直插嘴，拿出自己在学校得的奖状给张阿姨看，还要给张阿姨表演节目。吃饭的时候，小寒给妹妹盛饭，张阿姨夸赞她体贴，小寒一听就来劲了，不停地给妹妹夹菜，导致妹妹吃不完，剩了大半碗。张阿姨准备走了，小寒不高兴，妈妈叫她出来跟客人道别，她却躲在房间不愿出来，搞得妈妈和张阿姨十分尴尬。

父母的担心：这些都是类似的情况

△孩子在客人面前表现欲极强。
△家里一来客人，孩子就躲起来。

给父母：从社交心理学的角度分析

待人接物是人际交往中的一项能力，有些孩子见到客人会感觉害羞、不自在，甚至会躲起来；有些孩子则十分兴奋，在客人面前表现欲极强。这就需要父母给孩子做好榜样，培养孩子的主人翁意识，引导他合理待客。在客人来之前，父母可以提前告诉孩子，让他有心理准备。如果孩子行为不当，父母应避免当着客人的面批评孩子或对他大吼大叫，而是要耐心引导他做出正确的行为。

给孩子：社交重在行动

★提前做准备工作。

在客人到来之前，你可以和家人一起做一些准备工作，比如打扫卫生、摆放好茶具、准备水果零食等。你还可以根据客人的喜好，准备一些客人喜欢的东西。如果有小客人，可以提前准备一些玩具、游戏道具等，或者规划一些好玩的游戏。

★礼貌地接待客人。

客人到来后，应热情地打招呼表示欢迎，你可以说"你好""欢迎""请进"，不要躲在房间不出来。如果客人送你礼物，你可以双手接过并表示感谢。客人坐下后，你可以做一些简单的招待工作，比如给客人倒水。

★招待小客人。

你可以拿出提前准备好的玩具、零食、图书等物品，主动邀请小客人一起玩。小客人比较多的话，大家可以一起玩游戏。你要注意观察，及时调解矛盾，尽量不冷落每一位小客人。

★和客人交谈。

客人和你交谈时，你要大方地给予回应，避免低头不语或躲在房间不出来。若是大人们在交谈，你最好不要随便插嘴。

★和客人一起吃饭。

你可以请客人先入座，帮客人拿餐具、端饭等，吃饭时避免乱挑食物。

★送别客人。

客人要走了，你要主动起身道别，你可以和家人一起送客人出门，说"再见""欢迎下次再来"。

> 亲子互动：写一写其他有助于社交的妙招，找机会尝试一下

去别人家做客时，我是受欢迎的小客人

社交小剧场

小冲是一个"自来熟"的孩子，爸妈带他去别人家玩，他表现得像在自己家一样。主人家有两个孩子，一个是跟小冲年纪相仿的男孩，另一个是读高中的大姐姐。男孩邀请小冲去自己的卧室玩，小冲不把自己当外人，躺在男孩的床上一边吃东西一边打游戏。看到书架上有漫画书，他没有经过对方同意就拿下来看，翻了两下说没意思，就随便扔在桌上。大姐姐学业繁重，跟小冲一家打过招呼后就回房间学习了，爸妈还叮嘱小冲，不要去打扰大姐姐。可是小冲玩腻了游戏，就开始在各个房间乱转，不敲门就闯入大姐姐的房间，围着大姐姐问东问西，搞得大姐姐没法学习。爸妈本来打算留下来吃饭，可是看到小冲这么没礼貌，聊了一会儿就赶紧带小冲回家了。

父母的担心：这些都是类似的情况

△孩子乱动他人的东西。
△孩子把别人家搞得脏乱。

给父母：从社交心理学的角度分析

孩子去别人家做客是社交中常见的情况，有些父母担心孩子去别人家没有规矩，刻意阻止或减少孩子去别人家做客的机会，这其实不利于孩子的人际发展。父母可以让孩子了解一些基本规矩，学习一些做客礼仪，在实践中引导孩子的行为，不要怕孩子做不好，这样有助于孩子与他人建立关系，提高社交能力，还能帮助孩子更好地适应新环境。

给孩子：社交重在行动

★见面有礼貌。

去别人家做客，见面要先打招呼。如果是不熟悉的长辈，可以提前问父母如何称呼；若是初次见面的同龄人和晚辈，可以说"很高兴认识你"；见到熟悉的人，可以说"好久不见"。不说话的时候，可以面带微笑。

★尊重主人家的规矩。

进门时，你可以询问主人用不用换鞋，避免穿着鞋到处乱跑。主人在哪里接待你，你最好就待在哪里，尊重他人隐私，不要在房间里乱逛、乱翻、大呼小叫。

★保持整洁和卫生。

在卧室玩耍时，你可以坐在椅子、沙发、地毯等合适的地方，最好不要随便坐在主人家的床上。主人给吃的东西时，你可以用餐盘端着吃，或者在某个固定的地方吃完，避免将食物弄得到处都是。游戏结束后，你可以帮忙一起收拾玩具，整理物品。上完厕所要冲洗干净。

★物归原主。

你可以欣赏主人家的物品，拿之前先询问对方，得到允许后再拿。使用物品要爱惜，避免损坏。物品使用完要放回原来的地方，或者交给主人安置，不要随手乱扔。再喜欢对方的东西，离开时也要物归原主，不能私自带走。另外，不要随意对主人家的东西给出负面评价。

> 亲子互动：写一写其他有助于社交的妙招，找机会尝试一下

和异性交往时，我有分寸

社交小剧场

丹丹是一名五年级的女生。有一天，她不小心弄坏了男同学的一支钢笔，对方坚称这是从国外买的"国际品牌"钢笔，要求她赔偿5000元维修费。丹丹表示自己没那么多钱，男同学就故意欺负她，还威胁她不许告诉家长，否则就报复她。丹丹很害怕，假装生病不敢去学校。后来，妈妈发现了她的异常，百般追问下才得知发生了什么，及时阻止了事态的恶化。这件事得到解决之后，丹丹转了学，但是每次单独面对男同学时都会感到恐慌。

父母的担心：这些都是类似的情况

△孩子对异性有偏见。
△孩子有早恋的倾向。
△孩子不会保护自己的身体隐私。

给父母：从社交心理学的角度分析

与异性交往时，有些孩子表现得格外拘谨，不懂如何与异性建立友好关系，有些孩子则过于开放，没有分寸。尤其是进入青春期后，如何引导孩子与异性交往是一个值得关注的问题。父母需要帮助孩子树立正确的性别观念，随时关注孩子的成长，用恰当的方式引导他学会与异性相处，这也是培养孩子社交能力的重要一环。

给孩子：社交重在行动

★尊重性别差异，了解基本的性知识。

性别没有优劣之分，无论是男孩还是女孩，都应互相尊重。你可以通过书籍、网络、性教育课堂等渠道了解不同性别的生理特征、性健康和安全性行为等知识，学会保护自己的隐私，尊重他人的隐私。

★保持健康的关系，学会调整心态。

随着年龄增长，你可能会对异性产生爱慕心理，这是一种正常的心理现象，你没有必要过分自我谴责。但你需要明白的是，青春期不是婚恋期，友情不是爱情。你可以找信赖的人谈心，也可以通过发展兴趣爱好转移注意力，学会调整自己的心态，减轻精神包袱。

★设定自己的安全界限。

和异性交往时，要学会设定自己的安全界限。接触不要过于频繁、亲昵，以免打扰对方的生活，引起他人的误解，给彼此造成不必要的麻烦。在与异性接触时，应该保持适当的距离，保护好自己的隐私部位，不要让人随便触碰自己，也不要随意触碰他人。无论是男孩还是女孩，如果受到性骚扰，要勇敢地大声喝止，可以向身边的人求助，并及时告诉家长、老师。

如果在集体活动时需要跟异性有肢体接触，你可以先询问对方的意愿，得到允许后再互动。另外，在拥挤的场合，你可以双手抱胸或者用书包与他人隔开一些距离，尽量为自己营造安全合适的空间。

★合理使用网络社交工具。

在网上聊天时要注意分寸，无论对方是男是女，你都不要随便泄露自己的隐私，还要明确拒绝对方不合理的要求。如果对方用言语骚扰你，或者向你发送一些不雅观的图片、视频等，你要明确拒绝，并考虑将他删除或拉入黑名单。

在使用网络社交工具的过程中，你要学会识别黄色陷阱，做到不观看、不效仿、不听从。

★正确处理和异性的矛盾。

和异性发生矛盾时，要选择合适的解决办法，如果自己无法解决，可以向家人、朋友等值得信赖的人求助。千万不要有"以身赔偿"等想法和行为，以免铸成大错。

亲子互动：写一写其他有助于社交的妙招，找机会尝试一下

认识不同类型的大人，我会"按需使用"

社交小剧场

　　小雅是一名四年级的学生，这天放学，她和朋友告别后，便独自向公交车站走去。快到公交车站时，一个陌生男子叫住她，自称是爸爸的同事，来接她放学。小雅心里起疑，因为今天出门的时候，爸妈明确告诉她，有事不能去接她放学，让她坐公交车回家。小雅打算试探一下对方，让那人给爸爸打电话，那人说手机在车上，要拉她上车。小雅吓得撒腿向公交车站跑去，并跳上了一辆公交车。在公交车上，她不停地向外张望，发现陌生男子开车跟了上来，忍不住哭了起来。她想找乘客求助，又怕遇上别的坏人，在公交车即将抵达终点站的时候，她终于鼓起勇气向司机求助："叔叔，救救我。"司机弄清事情的原委后，帮她联系上了家人。

父母的担心：这些都是类似的情况

　　△孩子在外面遇到危险不会求助。
　　△孩子不会分辨陌生人，容易受到伤害。

给父母：从社交心理学的角度分析

　　在生活中，孩子除了和年龄差不多的同伴打交道外，还会接触

203

很多成年人，比如家人、邻居、老师、同学家长以及完全陌生的人等。一般来说，擅长与成年人打交道的孩子，更容易获得一些资源和帮助，在同龄人当中也更有影响力。成年人可以是孩子的良师益友，也可能是一些危险的制造者。因此，父母需要指导孩子学会与成年人合理相处，并培养他的自我保护意识。

给孩子：社交重在行动

★划定自己的"信任圈"。

代表人物：家人，比如爸爸妈妈、爷爷奶奶、兄弟姐妹等。

"使用"方法：你可以放心地与他们相处，相信和他们在一起是安全的；你可以和"信任圈"的人谈论心事、商量事情、分享个人信息等，在遇到紧急状况时，可以听从他们的安排。

★经常见面的"熟人"。

代表人物：邻居、同学的父母、小区或学校保安、老师、父母的朋友等。

"使用"方法：见面时，你可以向他们友好地打招呼，从而提升彼此的熟悉度；在学校遇到困难时，你可以根据情况向老师或学校保安求助，在家附近遇到麻烦时，你可以考虑请邻居、小区保安等"熟人"帮忙。

★固定场所的工作人员。

代表人物：物业、超市、商场等特定场所的工作人员，文具店老板、公交车司机等。

"使用"方法：他们大多是各行各业的从业者，你可以通过制服、工牌、工作场合等来辨认他们；在外面遇到麻烦时，你可以优先考虑向这些有特定身份的陌生人寻求帮助，尽可能选择待在有监控录像的场所，等待家人到来。

★公共安全守护者。

代表人物：警察、消防员等。

"使用"方法：当你遇到解决不了的问题，比如迷路、被困、人身安全受到威胁等，既联系不上家人，也不敢向陌生人求助，这时你可以根据当下的状况向警察、消防员等求助；他们所在的工作场合具有醒目的标识，而且比较常见，你可以直接前往或者拨打专门的电话求助。

> 亲子互动：写一写其他有助于社交的妙招，找机会尝试一下

和老师相处时，我能避免产生隔阂

社交小剧场

小远是一名五年级的学生，活泼好动，学习成绩一般，上课爱搞小动作，注意力常常不集中。这天，小远在数学课上跟同学传纸条，被数学老师发现了，数学老师批评了他，他有些不服气，觉得数学老师只批评他，不批评另一个同学，是在故意针对他，于是跟数学老师发生了激烈的争执，影响了课堂教学。事后，小远对数学老师有了偏见，不好好做数学作业，上数学课时看其他科目的书，故意在数学课上和同学聊天。他的数学成绩越来越差，数学老师也对他无可奈何。

父母的担心：这些都是类似的情况

△孩子对老师有偏见。
△孩子得不到老师的关注。
△孩子遭到老师的不公平对待。

给父母：从社交心理学的角度分析

除了父母，老师可以说是孩子每天接触最频繁的人了。良好的师生关系能帮助孩子营造积极的学习氛围，促进孩子发展。良好的师生关系的形成离不开老师、学生和家长的共同努力。对家长而言，其一方面要与老师积极沟通，配合老师的工作，另一方面要随时关注孩子的学校生活，引导孩子与老师处理好关系。

给孩子：社交重在行动

★对老师表示尊重。

平时见到老师，大方礼貌地问好。尊重老师的权威并遵守教学秩序，课上遵守纪律，课下按时完成作业。对于老师的付出，你可以表示感激，尽量避免随意评价。另外，你也可以适当地对老师表示关心与理解，因为和谐、良好的师生关系是彼此共同维系的。

★主动与老师沟通。

在学习上遇到问题，及时向老师请教。如果跟老师发生分歧，你可以和老师坦诚地沟通，说明自己的看法和感受，避免争吵。当然，你也可以跟老师分享一些学习趣事，和老师定期交流，这有助于老师更好地了解你的状况。

★积极参与学校活动。

学校活动丰富多彩，你可以通过各种学校活动展示自己的优势、才艺，这样老师更容易关注你。当然，如果你不擅长展示才艺也没关系，在团队合作中发挥自己的特长，做好自己的分内之事，展现自己的团队合作能力与责任心，也是获得老师关注的方法。

亲子互动：写一写其他有助于社交的妙招，找机会尝试一下

和长辈相处时，我的言行举止得体

社交小剧场

　　放暑假了，阿布去爷爷家住一段时间。爷爷很爱他，对他有很多期待，为了让他过得充实，给他安排了一些传统文化活动，有园艺、书法等，爷爷还经常给他讲一些传统故事和自己的经历。阿布虽然不抵触这些事情，但他更喜欢玩电子游戏和看动漫。有时候他会不耐烦地对爷爷说："您讲的这些我都听800遍了，太老套了。"对于爷爷安排的活动，阿布时做时不做，这让爷爷感到很失落。

父母的担心：这些都是类似的情况

　　△孩子对长辈粗鲁无礼。
　　△孩子不能理解长辈的心意，容易和长辈产生分歧。

给父母：从社交心理学的角度分析

　　人们常说的"隔代亲"反映出长辈对晚辈的疼爱，然而隔代人之间的相处也存在一些问题，因为价值观、生活习惯、沟通方式等方面存在差异，这些问题若是处理不当，可能会影响孩子和长辈之间的关系，严重的话，还可能对孩子造成心理创伤。因此，父母首先要给孩子做好示范，处理好与长辈的关系，不要误导孩子对长辈产生偏见。另外，对于孩子不恰当的行为，父母要及时纠正。

给孩子：社交重在行动

★尊重长辈。

有时候长辈的观念可能与你不同，这个时候，先不要急着反驳，你可以用谦逊的态度向长辈请教，耐心倾听，不要轻易否定或批评，说不定你会从长辈那里获取一些有益的经验。当然，这并不代表你要完全服从长辈的要求，而是给长辈表达的机会，让彼此的沟通更顺畅。需要注意的是，不要跟长辈乱开玩笑，以免发生误会。

★理解长辈的生活背景和习惯。

长辈生活的时代与你生活的时代不同，他们可能经历过许多你难以想象的困难和挑战，因此他们的价值观和生活习惯等通常会跟你有很大差异，这也导致你们之间容易出现一些冲突。你可以听一听长辈的故事，尝试一下长辈的习惯做法，然后你可能会发现，长辈虽然年纪大，但也有一些值得你学习和欣赏的地方。

★体恤长辈，给长辈一些陪伴。

很多时候，长辈会主动关爱晚辈。反过来，你也可以主动关心长辈，能自己做的事情，就少麻烦长辈，不要把长辈当作佣人。

你可以和长辈一起做一些事情，比如散步、下棋、做手工、分享趣事等，这不仅能放松身心，还可以增加你们之间的亲密度和信任感。平时多关心长辈，了解他们的生活状况。如果平时和长辈见面较少，你可以借助电话、视频等与长辈交流情感，也可以定期去看望他们。

亲子互动：写一写其他有助于社交的妙招，找机会尝试一下

和兄弟姐妹相处时，我有担当的能力

社交小剧场

小慧上二年级，家里有一个一岁多的妹妹，她十分爱护这个"小不点"。暑假期间，妈妈不小心碰伤了腿，行动不方便，恰好爸爸出差，小慧就自告奋勇地承担起了照顾妈妈和妹妹的任务。她给自己制作了一个时间表：早上和妹妹一起洗漱，吃完早饭后给妹妹读书，然后自己学习两个小时，这期间由妈妈照顾妹妹，学习完毕陪妹妹玩一会儿，妹妹睡了，她就去写作业或者看书，不打扰妹妹睡觉。为了让妈妈多休息，她会帮忙做一些家务。有时候妹妹半夜醒来，她会让妈妈先不要起床，自己去哄妹妹睡觉。像这样，小慧在暑假期间既没耽误自身学习，又照顾好了妈妈和妹妹。

父母的担心：这些都是类似的情况

△孩子经常跟兄弟姐妹吵架。
△孩子们关系疏离。

给父母：从社交心理学的角度分析

兄弟姐妹的情感联系通常可以持续一生。在家庭中，孩子之间的关系可能会面临一些挑战，这需要父母给孩子做好示范与引导。

在处理家庭事务时，父母应该强调情感和互助，在资源的分配上尽可能保持公平，培养孩子良好的亲情观，让孩子学会积极地表达情感，学会尊重和理解兄弟姐妹之间的差异。

给孩子：社交重在行动

★合作而不是竞争。

你可以和兄弟姐妹一起完成某件事情，承担不同的任务，比如打扫卫生时，你们分别负责扫地、擦桌子、整理书桌等，这样既能提高你们的合作能力，让你们获得成就感，又能避免竞争，减少矛盾。

★互相关爱，建立亲密的关系。

你可以和兄弟姐妹一起分享美味的食物、好玩的玩具、有趣的故事等，共同感受快乐。

如果你是哥哥或姐姐，可以帮忙照顾弟妹；如果你是弟弟或妹妹，可以为哥哥或姐姐加油打气。兄弟姐妹之间应互相支持、携手并进。你可以效仿大人的做法，学习一些生活技巧，还可以跟有兄弟姐妹的朋友交流生活经验。

你和兄弟姐妹可以创造一些共同的回忆，比如一起参与家庭活动，培养一些相同的兴趣爱好，一起玩游戏、互动，

设定共同的成长目标，等等。这有助于增进你们的感情。

★想办法解决问题，减少争吵。

当你跟兄弟姐妹发生冲突时，你们可以互相表明自己的感受，然后一起想办法解决问题，也可以尝试轮流选择或共同决定等方法。问题解决后，你们可以握手言和或者互相拥抱。在平时的相处过程中，你们要学会尊重他人的个人空间、彼此包容。

> **亲子互动：写一写其他有助于社交的妙招，找机会尝试一下**